中华复兴之光
美好民风习俗

元宵张灯习俗

梁新宇 主编

汕头大学出版社

图书在版编目（CIP）数据

元宵张灯习俗 / 梁新宇主编. -- 汕头 : 汕头大学出版社, 2017.1（2023.8重印）

（美好民风习俗）

ISBN 978-7-5658-2812-6

Ⅰ．①元… Ⅱ．①梁… Ⅲ．①节日－风俗习惯－中国 Ⅳ．①K892.18

中国版本图书馆CIP数据核字(2016)第293512号

元宵张灯习俗　　　　　YUANXIAO ZHANGDENG XISU

主　　编：梁新宇
责任编辑：邹　峰
责任技编：黄东生
封面设计：大华文苑
出版发行：汕头大学出版社
　　　　　广东省汕头市大学路243号汕头大学校园内　邮政编码：515063
电　　话：0754-82904613
印　　刷：三河市嵩川印刷有限公司
开　　本：690mm×960mm　1/16
印　　张：8
字　　数：98千字
版　　次：2017年1月第1版
印　　次：2023年8月第4次印刷
定　　价：39.80元
ISBN 978-7-5658-2812-6

版权所有，翻版必究
如发现印装质量问题，请与承印厂联系退换

前　言

　　党的十八大报告指出："把生态文明建设放在突出地位，融入经济建设、政治建设、文化建设、社会建设各方面和全过程，努力建设美丽中国，实现中华民族永续发展。"

　　可见，美丽中国，是环境之美、时代之美、生活之美、社会之美、百姓之美的总和。生态文明与美丽中国紧密相连，建设美丽中国，其核心就是要按照生态文明要求，通过生态、经济、政治、文化以及社会建设，实现生态良好、经济繁荣、政治和谐以及人民幸福。

　　悠久的中华文明历史，从来就蕴含着深刻的发展智慧，其中一个重要特征就是强调人与自然的和谐统一，就是把我们人类看作自然世界的和谐组成部分。在新的时期，我们提出尊重自然、顺应自然、保护自然，这是对中华文明的大力弘扬，我们要用勤劳智慧的双手建设美丽中国，实现我们民族永续发展的中国梦想。

　　因此，美丽中国不仅表现在江山如此多娇方面，更表现在丰富的大美文化内涵方面。中华大地孕育了中华文化，中华文化是中华大地之魂，二者完美地结合，铸就了真正的美丽中国。中华文化源远流长，滚滚黄河、滔滔长江，是最直接的源头。这两大文化浪涛经过千百年冲刷洗礼和不断交流、融合以及沉淀，最终形成了求同存异、兼收并蓄的最辉煌最灿烂的中华文明。

五千年来，薪火相传，一脉相承，伟大的中华文化是世界上唯一绵延不绝而从没中断的古老文化，并始终充满了生机与活力，其根本的原因在于具有强大的包容性和广博性，并充分展现了顽强的生命力和神奇的文化奇观。中华文化的力量，已经深深熔铸到我们的生命力、创造力和凝聚力中，是我们民族的基因。中华民族的精神，也已深深植根于绵延数千年的优秀文化传统之中，是我们的根和魂。

中国文化博大精深，是中华各族人民五千年来创造、传承下来的物质文明和精神文明的总和，其内容包罗万象，浩若星汉，具有很强文化纵深，蕴含丰富宝藏。传承和弘扬优秀民族文化传统，保护民族文化遗产，建设更加优秀的新的中华文化，这是建设美丽中国的根本。

总之，要建设美丽的中国，实现中华文化伟大复兴，首先要站在传统文化前沿，薪火相传，一脉相承，宏扬和发展五千年来优秀的、光明的、先进的、科学的、文明的和自豪的文化，融合古今中外一切文化精华，构建具有中国特色的现代民族文化，向世界和未来展示中华民族的文化力量、文化价值与文化风采，让美丽中国更加辉煌出彩。

为此，在有关部门和专家指导下，我们收集整理了大量古今资料和最新研究成果，特别编撰了本套大型丛书。主要包括万里锦绣河山、悠久文明历史、独特地域风采、深厚建筑古蕴、名胜古迹奇观、珍贵物宝天华、博大精深汉语、千秋辉煌美术、绝美歌舞戏剧、淳朴民风习俗等，充分显示了美丽中国的中华民族厚重文化底蕴和强大民族凝聚力，具有极强系统性、广博性和规模性。

本套丛书唯美展现，美不胜收，语言通俗，图文并茂，形象直观，古风古雅，具有很强可读性、欣赏性和知识性，能够让广大读者全面感受到美丽中国丰富内涵的方方面面，能够增强民族自尊心和文化自豪感，并能很好继承和弘扬中华文化，创造未来中国特色的先进民族文化，引领中华民族走向伟大复兴，实现建设美丽中国的伟大梦想。

目 录

彩灯文化

各地灯会

起源发展

　　每年农历正月十五，是我国传统节日元宵节。正月为元月，古人称夜为"宵"，而十五的夜晚又是一年中第一个月圆之夜，故称元宵节。

　　元宵节又称为小正月、元夕或灯节，是春节之后的第一个重要节日。自汉代以来，民间就有正月十五张灯、赏灯的习俗，所以正月十五又称灯节。

　　按照我国民间的传统，正月十五的夜晚，人们要观灯会、猜灯谜、吃元宵，活动丰富多彩。其时，阖家团聚，其乐融融。

元宵节源于古人以火把驱邪

    元宵节的起源很古老，源于远古人类在过节时以火把驱邪。这个节要祭祀天神，由于是夜里进行，自然要打着火把，后来就逐渐演变为元宵节了。

元宵节是我国的传统节日，早在2000多年前的西汉时期就有了这一节日习俗。

元宵节赏灯始于东汉的汉明帝时期。因为汉明帝提倡佛法，恰逢蔡愔从印度求得佛法归来，蔡愔称印度摩揭陀国每逢正月十五，僧众云集瞻仰佛舍利，是参佛的吉日良辰。

汉明帝为了弘扬佛法，于是下令正月十五的夜晚在宫中和寺院"燃灯表佛"。因此，正月十五夜燃灯的习俗，随着佛教文化影响的扩大及道教文化的加入，逐渐在我国流传下来。

汉代以后，这种佛教礼仪节日逐渐扩展成民间盛大的节日。这一节日经历了由宫廷到民间，由中原到全国的发展过程。

此外，关于元宵节的起源还有一种说法，说是起源于火把节。汉代的民众习惯在乡间田野持火把驱赶虫兽，希望减轻虫害，祈祷获得好收成。这种习俗自隋代、唐代、宋代以来，更是盛极一时。参加歌舞的人数以万计，活动从第一天黄昏开始，直至第二天天黑才结束。

直到现代，我国西南一些地区的人们还在正月十五用芦柴或树枝做成火把，成群结队高举火把在田头或晒谷场跳舞。

随着社会和时代的变迁，元宵节的风俗习惯有了较大的变化，但至今仍是我国民间的传统节日。

关于元宵节的来历，民间还有一些传说。

据传，汉文帝在元月十五平定了"诸吕之乱"，因此就将这一天定为元宵节。

汉高祖刘邦死后，吕后之子刘盈登基为汉惠帝。惠帝生性懦弱，优柔寡断，大权渐渐落在吕后手中。汉惠帝病死后，吕后独揽朝政，把刘氏天下变成了吕氏天下。朝中老臣与刘氏宗室深感愤慨，但都惧怕吕后的残暴，因而敢怒不敢言。

吕后病死后，吕氏家族惶惶不安，害怕遭到伤害和排挤。于是，在上将军吕禄家中秘密集合，共谋作乱之事，以彻底夺取刘氏江山。

此事传至刘氏宗室齐哀王刘襄耳中。刘襄为了保住刘氏江山，决定起兵讨伐诸吕。随后，刘襄与开国老臣周勃、陈平取得联系，设计解除了吕禄，"诸吕之乱"终于被彻底平定。

平定叛乱之后，众臣拥立刘邦的第二个儿子刘恒登基，称汉文帝。文帝深感太平盛世来之不易，便把平息"诸吕之乱"的正月十五定为与民同乐日，每年的正月十五，京城里家家户户都要张灯结彩，以示庆祝。

从此，正月十五便成了民间一个普天同庆的节日，就是后来的"元宵节"。

按照我国古代的习俗，"元"指月亮正圆，一年之中有所谓"三元"，即正月十五称为"上元"，七月十五称为"中元"，十月十五称为"下元"。因此，元宵节也称为"上元节"。

据考证，元宵节的来历，有说与祭祀泰一神有关。泰一神也称太乙神，主宰人间的风雨、饥馑和瘟疫。

据说，汉朝武帝曾久病不愈，求助太乙神后竟奇迹治愈，于是开始建太乙祠坛祭祀，每逢正月十五通宵达旦，以盛大的灯火祭祀。每到正月十五元宵夜，汉武帝就来到甘泉宫，主持祭祀泰一神的活动。这一活动被后人视作正月十五祭祀天神的先声。

知识点滴

由误射神鸟引起的张灯习俗

　　元宵节又称灯火节，在南北朝时，灯火十分盛行。正月十五闹花灯，因其一片光明的寓意和喜气洋洋的气氛，被人们称作良辰美景。每到这一天，无论男女老少，都会成群结队徜徉灯市，来领略"楼台上下火照火，车马往来人看人"的节日氛围。

　　元宵节张灯是我国人民的传统习俗。关于张灯的由来还有一个传说。相传在很久以前，凶禽猛兽很多，四处伤害人和牲畜，人们就组织起来去消灭它们。

　　据说当时有一只神鸟因为迷路而降落人间，却意外被不知情的猎人给射死了。玉帝知道以后，十分震怒，立即传旨，下令让天兵于正月十五到人间放火，把人间的人畜财产通通烧掉。

　　玉帝的女儿心地善良，不忍心看百姓无辜受难，于是就冒着生命的危险，偷偷驾着祥云来到人间，把这个消息告诉了人们。

　　众人听说这个消息后，有如头上打一个响雷，吓得不知如何是好。过了好久，才有位老人家想出了办法。这位老人说："在正月十四、十五、十六这三天，每户人家都在家里张灯结彩、点响爆竹、燃放烟火。这样一来，天帝就会以为人们都被烧死了。"

大家听了都点头称是，便分头准备去了。到正月十五这天晚上，玉帝往下一看，发觉人间一片红光，响声震天，以为是大火燃烧的火焰，于是心中大悦。就这样，人们才保住了自己的生命及财产。

从此，每年到了正月十五，家家户户都悬挂灯笼，燃放烟火，来表达对善良之人的感激之情。

此外，还有一些民俗专家认为，元宵张灯的习俗起源于佛家与道家的斗法。说是东汉明帝的时候，摄摩腾和竺法兰来到我国传教，遇到道家的责难。于是，摄摩腾和竺法兰决定在宫廷与道士比试法力。

摄摩腾和竺法兰用火烧经像，而经像丝毫无损，熠熠生辉。明帝看见后，感到佛法无量，于是敕令正月十五佛祖神变之日燃灯，以表佛法大明。后来，佛教大兴，佛僧积极劝导人们正月十五张灯，认为张灯之举功德无量。如此一来，佛家灯火逐渐遍布于民间，便形成了正月十五张灯的习俗。

自从元宵节张灯之俗形成以后，我国历朝历代都把正月十五张灯、观灯视为一大盛事。梁简文帝曾写过一篇《列灯赋》，描绘了当时宫廷在元宵节张灯的盛况。其中写道：

南油俱满，西漆争燃。
苏征安息，蜡出龙川。
斜晖交映，倒影澄鲜。

到了隋炀帝时期，朝廷

每年正月十五都要举行盛大的晚会以招待万国来宾和使节。据《隋书·音乐志》记载：元宵庆典甚为隆重，处处张灯结彩，日夜歌舞奏乐。参加表演的达3万多人，奏乐的人近2万人，戏台有4千米长，游玩观灯的百姓更是不计其数。数万人通宵达旦，尽情欢乐，热闹非常。

到了唐代，元宵庆典发展成为盛况空前的灯市；在中唐以后，已发展成为全民性的狂欢节。唐玄宗时的开元盛世，长安的灯市规模很大，燃灯5万盏，花灯种类繁多。皇帝命人做巨型灯楼达20多间，高约50米，金光璀璨，极为壮观。

唐代是实行宵禁的，每当夜晚禁鼓一响就禁止人们出行，犯夜就要受到处罚。唯独在元宵节，皇帝特许开禁3天，称为"放夜"。

据《大唐新语》记载，每逢元宵节之夜，长安城里都要大放花灯3天。到了宋代，张灯由3夜延长到5夜，除灯彩以外还要燃放焰火，表演各种杂耍，情景更加热闹。这时的大街小巷、茶坊酒肆灯烛齐燃，锣鼓声声，鞭炮齐鸣，百里灯火长明不绝。

到了明代，朱元璋在金陵即位后，又规定正月初八上灯，十七落灯，连张10夜，家家户户都要悬挂五色灯彩。彩灯上人物舞姿翩翩，鸟飞花放，龙腾鱼跃，花灯焰火照耀通宵，鼓乐游乐，通宵达旦，这是当时我国最长的灯节。到了清代，花灯种类更多，其中有古朴典雅的宫灯，五彩缤纷的龙灯，结构精巧、借风旋转的走马灯等。

宫灯，是我国驰名世界的手工艺品。宫灯因多为皇宫和历朝历代的张灯、观灯盛事，充分表达了人们祈求五谷丰登、祝福人间太平的美好愿望。

知识点滴

宫灯的制作十分复杂，主要用雕木、雕竹、镂铜做骨架，然后镶上纱绢、玻璃或牛角片，上面彩绘山水、花鸟、鱼虫、人物等各种吉祥喜庆的题材。上品宫灯还嵌有翠玉或白玉。

宫灯的造型十分丰富，有四方、六方、八角、圆珠、花篮、方胜、双鱼、葫芦、盘长、艾叶、眼镜、套环等许多品种，尤以六方宫灯为代表。

1915年，北京宫灯首次被送到巴拿马万国博览会展出，荣获金奖，受到国际好评。其后，宫灯逐渐向实用方向发展，出现各种吊灯、壁灯、台灯和戳灯等。我国的宫灯制作以北京最为著名，宫灯是观赏性花灯主要品种之一。

彩灯文化

在我国民间有一则谚语："三十的火，十五的灯。"意思是说我国闹元宵的主要内容就是灯，故元宵节又称灯节。由此可见，我国传统的元宵节蕴涵了丰富的灯文化。

鳌山灯杆、火树银花，是元宵节最突出的景观。最能概括元宵节活动的便是张灯和放火。张灯、放火是元宵节最主要的民俗活动，后来的观灯游赏以及社火百戏，都是直接或间接由此发展而来的。

一年中灯火最旺的时节

元宵节是我国一年中灯火最旺的时节，可算得上是"火树银花不夜天"了。而"闹花灯"是元宵节日庆典规模最大、喜庆气氛最浓的一种习俗。

元宵节闹花灯的习俗，在隋代以前已经见于文字记载。据《资治通鉴》第一百七十五卷中记载：

以近世风俗，每正月十五夜，燃灯游戏，奏请禁之。曰：窃见京邑，爰及外州，每以正月望夜，充街塞陌，聚戏朋游，鸣鼓聒天，燎炬照地。竭资破产，竞此一时。尽室并孥，无问贵贱；男女混杂，缁素不分。

每年正月十五的夜晚，人们都在大街上尽情狂欢，鼓声震天，火光照地。人们不惜钱财，比花灯的规模和精巧。而且家中所有的人，也不分主仆，不论贵贱，不管男女，一切等级、性别、贵贱的界限全部打破，一切隔阂全部消失，剩下的只是欢歌笑语同花灯了。

正月十五闹花灯风俗的兴起时间，大约在550年至580年之间。从这一习俗产生的时间、地域及风俗内容来推测，它的兴起与佛教的流传有关。

《涅槃经》说，如来佛死后火化，将其舍利子装在精美的罐中，安放在金床上。佛门弟子一边散花一边奏乐，并每绕城一步点燃一盏灯，以此来表示对如来佛的悼念。

但《涅槃经》没有明确记载这些悼念活动就在正月十五进行。《西域记》所说的僧俗共同观看舍利放光的习俗，则明确说是正月十五。

这两个习俗的发展，逐渐形成了正月十五闹花灯这一民俗。从地点看，这一民俗开始流行于洛阳及周边州郡。这与北魏、北周时崇尚佛教以及著名禅宗大师达摩、慧可先后在嵩山少林寺传法有关，因为禅宗开始兴起时，深受百姓的欢迎。

从习俗的内容看，正月十五闹花灯打破了一切界限，体现了佛教禅宗人人平等、人人都有佛性的观点。这种取消一切束缚、打破一切界限的习俗，时至今日还有余风。民间"正月十五没大小"的俗语和风习便是古风的遗存。

虽然这个习俗起源于佛教及佛事活动，但当这一习俗形成之后，其宗教色彩便渐渐淡化，成为百姓们狂欢的节日。

正月十五也叫"上元节"。上元节闹花灯，在北京有着悠久的历史。上元节是道教的提法，为庆贺道教"上元赐福天官紫微大帝"诞生于正月十五，上元节便成为具有佛、道两教特色的民众性节日。

在上元节时，最早只有皇宫和达官显贵的府第在自家门前挂几盏灯，借以炫耀门楣。后来，民间富户相继效尤，灯市也应运而生。民间元宵节张灯、赛灯、观灯，亦逐渐成为普遍的习俗。

明代灯市在北京东城灯市口。每到元宵夜，街道两旁列市，上至珠宝玉器，下至日用百货，无不具备，并有茶楼酒肆供游人饮宴作乐。各铺户都张挂绢纱、烧珠、明角、麦秸、通草制成的各式花灯，供人观赏。

清代始将灯与市分开，以东四牌楼、地安门外为最盛，其次为东安门、新街口、西四牌楼，外城是正阳门外大街。此地铺户以糕点铺、布铺、绸缎庄为主，皆争强斗胜地挂出大小、高矮、方圆形式不等的花灯，有纱绢、玻璃、羊角、西洋之别。

在上元夜，无论官宦贵人、平民百姓，都不约而同地上街观灯，形成万人空巷之势。

市面更有临时商贩售卖走马灯、吉利灯、气死风灯，以及狮、狗、羊、兔等动物形象的纸灯，形成了灯市。孩子们纷纷提着买来的灯笼，四处游逛玩耍，形成提灯逛灯之景，好不热闹。正是：

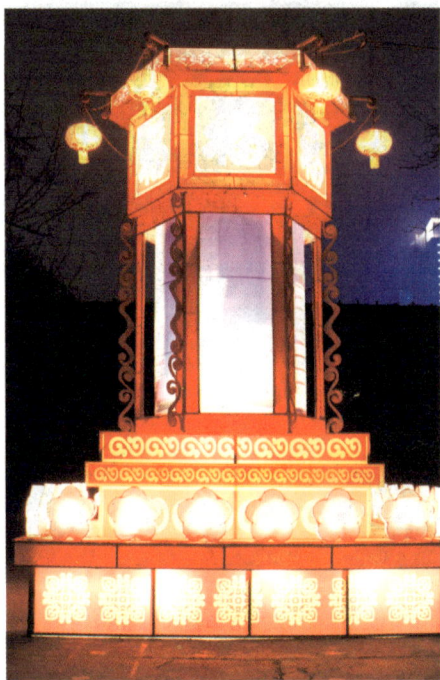

通会灯市似火龙，

双塔晴烟报主凶。

拒马长虹行逆水，

胡良晓月除夕明。

这就是正月十五元宵节闹花灯的场面。

最初的灯是单纯、静止的，它不能运动，也较少装饰，并且多是单个独立的。其后的发展变化过程中，装饰最先迈出步伐，灯的里里外外都被加以雕琢、修饰。

知识点滴

古代原涿州城中有夹城，门名"通会"，夹城上有重楼3间，名"通会楼"，俗称鼓楼。楼上左鼓右钟，楼高13.5米，10千米外可遥遥在目。

每年正月十五是闹花灯之日，从通会楼至南门置72架木制牌楼，十字路口置7座灯棚。每到此日，大街小巷，张灯结彩，耍龙灯、舞狮子、踩高跷、放鞭炮，真是火树齐开，星球碎挂，千家万户，燃烛通宵。

元宵之夜，登上鼓楼，远眺长街，龙飞凤舞，颇为壮观。这一景象称为通会灯市。

趣味盎然的元宵节咏灯诗

元宵节张灯是我国人民的传统习俗。古往今来，不仅流传着大量脍炙人口的元宵咏灯诗，而且也留下了无数趣味盎然的元宵吟灯联。

不夜城中陆地莲，小梅初破月初圆。
新年第一佳时节，谁肯如翁闭户眠。

这就是正月十五闹花灯的热闹场景。

在闹花灯的海洋里，有灯谜让你竞猜，于赏灯中射虎添趣；有龙灯绕你狂舞，于翻飞中心动情欢；有灯笼让你投票，于评选中尽展风流；有汤圆让你饱尝，于赛吃中捧腹狂欢……这正是："正月十五闹花灯，街衢断煞夜归人。"

"一曲笙歌春如海，千门灯火夜似昼。"历代文人墨客赞美元宵花灯的诗句数不胜数。

隋炀帝在《元夕于通衢建灯夜升南楼》一诗中就有这样的诗句：

灯树千光照，花焰七枝开。
熖动黄金地，钟发琉璃台。

唐代，元宵放灯已发展成为盛况空前的灯市。唐代治世因社会升平，经济富庶，花灯更是大放异彩，盛极一时，活动规模相当浩大，观灯人潮万头攒动，上至王公贵族，下至贩夫走卒，无不出外赏灯。

唐玄宗时，延续西汉的弛禁制度，京师长安更在元宵节前后三夜取消宵禁，扩大实施"放夜"，方便人们赏灯，唐以后花灯便成为元宵节的重要标志。

唐代诗人苏味道的《正月十五

夜》诗中说道：

> 火树银花合，星桥铁锁开。
>
> 暗尘随马去，明月逐人来。
>
> 游妓皆秾李，行歌尽落梅。
>
> 金吾不禁夜，玉漏莫相催。

诗词描绘了元宵夜灯月交辉，游人如织，热闹非凡的场景。
李商隐的诗中写道：

> 月色灯山满帝都，香车宝盖隘通衢。
>
> 身闲不睹中兴盛，羞逐乡人赛紫姑。

值得称道的是我国唐代诗人崔液的《上元夜》：

> 玉漏铜壶且莫催，铁关金锁彻夜开。
>
> 谁家见月能闲坐，何处闻灯不看来。

诗中虽没有正面描写元宵节的盛况，但却蕴涵着欢乐愉悦、热闹熙攘的场景。

此外，唐代诗人张祜的《正月十五夜灯》一诗意境也很不错：

千门开锁万灯明，正月中旬动地京。

三百内人连袖舞，一进天上著词声。

两宋时期，国势虽然积弱，但是元宵节的灯文化因得到皇室的大力倡行而益加发扬光大，使宋朝成为花灯发展的另一重要历史阶段。

苏轼说"灯火家家有，笙歌处处楼"；范成大说"吴台今古繁华地，偏爱元宵影灯戏"；欧阳修说"去年元夜时，花市灯如昼"，这些名人都把元宵节美景写得有声有色。

著名词人姜夔《诗曰》，让人读后如临其境：

元宵争看采莲船，宝马香车拾坠钿。

风雨夜深人散尽，孤灯犹唤卖汤元。

元代诗人元好问的《京都元夕》，把京城各阶层的人们闹元宵的热闹场面描绘土家得恰到好处：

袨服华妆着处逢，六街灯火闹儿童。

长衫我亦何为者，也在游人笑语中。

明代更加铺张，将元宵放灯从3夜改为10夜。唐寅曾赋诗盛赞元宵节，把人们带进了迷人的元宵之夜。诗中写道：

有灯无月不误人，有月无灯不算春。

春到人间人似玉，灯烧月下月似银。

满街珠翠游春女，沸地笙歌赛社神。

不展芳樽开口笑，如何消得此良辰。

明人李梦阳的《汴京元夕》也别具韵味：

中山孺子倚新妆，郑女燕姬独擅场。

齐唱宪王春乐府，金梁桥外月如霜。

清代元宵热闹的场面除各种花灯外，还有舞火把、火球、火雨等。阮元有羊城灯市诗写道：

海鳌云凤巧玲珑，归德门明列彩屏，

市火蛮宾余物力，长年羊德复仙灵。

月能彻夜春光满，人似探花马未停；

是说瀛洲双客到，书窗更有万灯青。

清代诗人姚元之写的《咏元宵节》诗写道：

花间蜂蝶趁喜狂，宝马香车夜正长。

十二楼前灯似火，四平街外月如霜。

这首诗写得更是生动、精彩、别致。

充满诗情和浪漫色彩的元宵节，往往与爱情连在一起。历代诗词中，就有不少诗篇借元宵抒发爱慕之情。

北宋欧阳修词中写道：

今年元夜时，月与灯依旧；

不见去年人，泪满春衫袖。

这首词抒写了对情人的思念之苦。

除了元宵诗词，还有一些歌谣流传。如闽南歌谣《元宵月正圆》写道：

闹元宵，月正圆，闽台同胞心相依，

扶老携幼返故里，了却两岸长相思。

热泪盈眶啥滋味？久别重逢分外喜！

闹元宵，煮汤圆，骨肉团聚满心喜，

男女老幼围桌边，一家同吃上元丸。

这是一首企盼海峡两岸亲人团圆的歌谣，其殷殷期盼之情流溢于字里行间。

知识点滴

源于唐诗名句的最早灯联

元宵节赏灯，吟灯联，也具有无限的情趣，简直趣味盎然。

在北宋时，有个叫贾似道的人镇守淮阴时，有一年上元灯节张灯，门客中有人摘唐诗名句作为门灯联：

天下三分明月夜；
扬州十里小红楼。

据说，此联为我国最早的灯联。

此后，历代都有人争相效仿，在大门或显眼的柱子镶挂壁灯联、门灯联，不仅为元宵佳节增添了节日情趣，也为赏灯的人们增加了欣赏的内容。

被称为"父子双学士，老小二宰相"的清代安徽桐城人张英、张廷玉，皆能诗善对。

有一年元宵佳节，张府照例张灯挂彩，燃放鞭炮。老宰相出联试子："高烧红烛映长天，亮，光铺满地。"

小廷玉思索时，听到门外一声花炮响，顿时领悟，对道："低点花炮震大地，响，气吐冲天。"

这副对联对仗工整，天衣无缝，堪称妙对。

最为人津津乐道的是北宋王安石妙联为媒的故事了。据说，王安石20岁时，赴京赶考。元宵节路过某地，边走边赏灯，见一大户人家高悬走马灯，灯下悬一上联，征对招亲。对联说："走马灯，灯走马，灯熄马停步。"王安石见了，一时竟对答不出，便默记心中。

到了京城，主考官以随风飘动的飞虎旗出对："飞虎旗，旗飞虎，旗卷虎藏身。"王安石即以招亲联应对，便被取为进士。

归乡路过那户人家，闻知招亲联仍无人对出，便以主考官的出联回对，随之被招为快婿。一副巧合对联，竟成就了王安石人生中的两大喜事。这些富有情趣的故事，让历代无数人为元宵灯会而着迷，乐此不疲。

元宵节猜灯谜又叫"打灯谜"，是元宵节后来增加的一项活动。

灯谜是我国特有的文字游戏，始自古代隐语。它将事物或语句的真相暂时隐藏，另以一种与这事物有关的特色或背景，组成优美韵诗或通俗文字，以悬疑质难他人。

六朝以后一直到唐代，文人嗜谜者多。谜语悬之于灯，供人猜射，开始于南宋。

南宋时，首都临安每逢元宵节时制谜，猜谜的人众多。开始时是好事者把谜语写在纸条上，贴在五光十色的彩灯上供人猜。当时名为"灯谜"，属于一种益智娱乐。这一习俗一直延至明清两代。

到了晚清时期，灯谜的文学价值渐渐消逝，就发展成为通俗的谜语，供人们玩赏。

元宵节这天，除了要吃元宵、提灯笼、射灯谜等民俗活动外，新竹地区客家族在农业时代，还流传吃菜包、祈求六畜兴旺、借钱、借柑等过节习俗。

元宵节为何以"灯"为主题？这是因为，以往的私塾通常都把正月十五作为开课日，当天的重头戏则是"开灯"仪式，即由学生备妥一盏灯带到私塾，由老师点燃后，再由学生提着回家，象征前途光明吉祥之意。

而客家人提灯笼的习俗也饶富趣味，一对结婚的新人，在元宵节这天，需带着一只灯笼，前往土地公庙或庙宇向神祈求赐子，然后将灯笼悬挂于庙内。因为求子是求丁，"丁"同"灯"，亦即是"求丁献灯"之意。若顺利得子，次年的元宵节还愿时，需带两个灯笼祭拜，以示继续"求丁"之意。

如今每逢元宵节，各个地方都打出灯谜，希望当年能喜气洋洋，平平安安。因为谜语能启迪智慧又饶有兴趣，所以流传过程中深受社会各阶层民众的欢迎，并逐渐成为一种独特的文化现象。

知识点滴

传说，关于灯谜，还有这样一则笑话。说有个姓胡的财主横行乡里，人人叫他"笑面虎"。

有一年春节将临，穷人王少想从笑面虎家借点粮，却被他骂走了。回家路上，王少忽然心生一计。

元宵灯节的晚上，家家户户挂上了花灯，王少也提着一盏花灯上街，花灯上还题有一诗。笑面虎一见，便吩咐账房先生念给他听：头尖身细白如银，论称没有半毫分。眼睛长到屁股上，光认衣裳不认人。

笑面虎一听，知是骂自己，气得面红耳赤，命家丁要抢花灯。王少忙举起灯，笑嘻嘻回道："老爷，你真多心！这四句诗是个谜，谜底就是'针'。"

周围的人明知王少的用意，哈哈大笑，此事也越传越远。到了第二年灯节，不少人都将谜语写在花灯上，供观灯的人猜测取乐。

各地灯会

  我国元宵节赏花灯的习俗已有2000多年的历史。花灯又名彩灯，是我国传统农业时代的文化产物，兼具生活功能与艺术特色。

  我国各地的花灯种类繁多，形态千变万化，制作技艺也各具特色，如北京的宫灯、上海的龙灯、广东的走马灯、浙江的硖石灯、哈尔滨的冰灯、四川的自贡灯等。它们都是蜚声中外、享誉灯坛的。

  元宵节彩灯体现了我国各民族的才思和智慧，是一种具有浓郁民族特色的艺术品。

定型于隋朝的元宵灯节

东风夜放花千树。更吹落、星如雨。宝马雕车香满路。凤箫声动，玉壶光转，一夜鱼龙舞。

这是辛弃疾的《青玉案·元夕》，这首词生动地记述了南宋时的灯会盛况。这是一个极富游乐性质的群体节俗活动，也是中华民族古老文化的一种沿袭。

随着社会的发展，人们也不仅局限于在元宵前后赏灯，在我国的传统节日中，处处可以看到灯会的影子。

元宵灯会始于汉代，兴于唐代，盛于宋代。

春节刚过，人们迎来的便是传统节日元宵节。这个节日最突出的景观，就是围绕张灯、赛灯、赏灯等一系列灯事活动而展开，因而也称"灯节"。

早在2000多年前，汉武帝就"结灯为山，祭祀太乙"。关于灯会的由来，民间还有许多传说。

关于灯会的起源，还有的人说源于晚唐时期。

"年年岁岁花相似，岁岁年年灯不同"，随着商品经济、自然科学与文化产业的发展，对推动灯会的发展起到了重要作用。

《隋书》上说：

> 每当正月，绵亘八里，列为戏，百官起棚夹路，从昏达旦，光烛天地，自是每年以为常焉。

由此可见，隋朝便形成了灯会。在隋朝，受佛教的影响，元宵节除点灯笼之外，还特制一种灯轮，或称花树，轮上还挂若干盏彩灯，是灯会的主要供具。

隋炀帝一反其父的做法，将元夕灯节的规模、场面都提升到空前的程度。

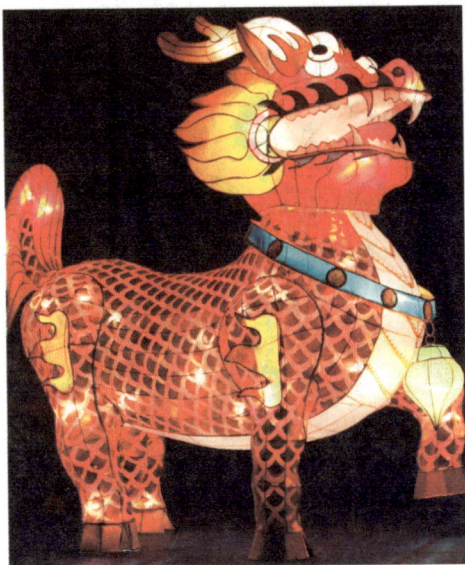

《资治通鉴·隋纪》中写道：正月十五夜晚洛阳端门一带"戏场默默五千步，执丝竹者万八千人。声闻数十里，自昏至旦，灯火光烛天地，终月而罢，所费巨万"。由此可见，我国的元宵灯节在隋代已经基本定型。

唐朝是我国封建社会的鼎盛时期，经济发达，文化昌明，国力强盛。元宵节在这样的社会背景下，得到了进一步发展。唐代的史籍称灯节为灯影之会，自此，元宵灯节则又称灯会、元宵灯会了。

唐朝的皇帝们为了显示与民同乐，不仅是元宵灯节、灯会的决策者、倡导者，而且是积极的参与者。不仅自己微服逛街观灯，而且还允许皇亲国戚及臣僚观灯。元宵节各官署都要停止办公。

711年元宵灯会，长安安福门楼门外的灯轮高达20丈，披饰锦绣，镶嵌金玉，点灯5万余盏，如同一株高大的灯树，光焰四射。宫女千余人载歌载舞，成一代盛观。唐睿宗及皇宫嫔妃们均在门楼上观赏。

唐玄宗时，这位颇有才气的皇帝更注重灯品的精巧、灯会的排场和娱乐的多样化。《广德神异录》记载，每年灯节，玄宗下令"大张灯彩，自禁中至殿庭皆设蜡炬，连属不绝，洞照宫殿，荧煌如画"。

在元宵灯节之后，玄宗还"张临光宴，白露转花，黄龙吐水，金凫银燕，浮光洞、攒星阁，皆灯也"。

尤其令人叹为观止的是，掌握皇宫内营造杂活的尚方司工匠毛顺，巧思独运，技艺精湛，用竹竿缚以彩绸，扎成灯楼12间，高达150尺，缀悬珠玉金银，上扎各类兽形灯，或龙凤，或虎豹，栩栩如生。

微风徐来，金玉交响，龙腾虎跃，光彩熠熠，闻者蜂拥而至，流连忘返，无不盛赞其巧夺天工。

诗人卢照邻的诗《十五夜观灯》生动地描写了元宵灯会的盛况：

> 锦里开芳宴，兰红艳早年。
>
> 缛彩遥分地，繁光远缀天。
>
> 接汉疑星落，依楼似月悬。
>
> 别有千金笑，来映九枝前。

由此可见，在唐代，赏灯活动更加兴盛，皇宫里、街道上处处挂灯，还要建立高大的灯轮、灯楼和灯树。

知识点滴

唐代的元宵灯节、灯会中，制灯工艺更趋精美，文化内涵更为丰富，远非前代所能比拟。

唐代刘肃所撰的《大唐新语》记载："神龙之际，京城正月望日，盛饰灯影之会。金吾驰禁，物许夜行。贵游戚属，及下隶工贾，无不夜游。车马骈阗，人不得顾。王主之家，马上作乐以相夸竞。文士皆赋诗一章，以记其事。作者数百人，惟中书侍郎苏味道、吏部员外郎郭利贞、殿中侍御史崔液三人为绝唱。"

这正是唐代灯节的雅致之处和文化氛围之所在，元宵之夜竟有数百名诗人竞相赋诗，其规模之大，佳作之多，是前代难以达到的。

宋代元宵灯会盛况空前

宋代在科学技术方面取得了举世瞩目的成就，火药、指南针、印刷术等重大发明，为人类文明和社会进步，做出了卓越贡献。

宋代文学艺术也开创了全新的历史时期，元宵灯节、灯会也是科学文化的一种载体，自然也得到了极大的发展。

据《燕翼贻谋录》记载："太祖乾德五年……诏令开封府更放十七、十八两夜灯，后遂为例。"

这就将唐代开创的元宵灯节的放灯由3天增加为5天，元宵游观之盛前所未有，城乡张灯之广遍及全国。连小集镇元宵张灯也要在土地庙前扎小鳌山。朝廷对士民观灯更持鼓励的态度，规定：凡来御街观灯者，赐酒一杯。

宋朝元宵灯会时间之长，规模之大，景观之瑰丽，灯具之奇巧，又跨越了前代。

宋朝元宵张灯，其代表作是鳌山灯。

鳌山是上古神话传说中的海中高山。据《列子·汤问》记载：

渤海之东有大壑，其下无底，中有五山，常随波上下漂流，天帝令十五巨鳌举首戴之，五山才兀持不动。

宋代元宵灯节，京城、州府普遍以这一传说立意，设计大型鳌山灯组，其构思既与传说关联又有变通，大型鳌山造型通常为一只或数只巨鳌背负山峦，山上荟萃千百盏华灯，还有山石、树木齐备，点缀

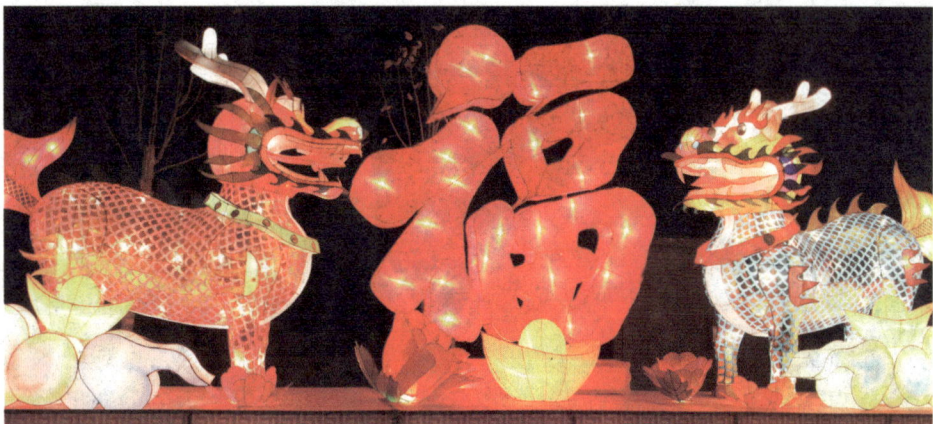

以佛、仙、神的雕塑、绘画等。

山上可容乐工伶官奏乐，山前设有大露台，供歌舞演出或工艺品展示。

鳌山灯气势恢宏，体积巨大，叠翠堆金，浮光耀影，常为灯会压轴之作，寓含"江山永固，长治久安"之意。因此帝后、嫔妃、臣僚都要在特定的时辰观赏鳌山灯。

宋代元宵灯节的另一个特点是灯品材质更趋多样，制作更趋精巧。"自非贫人，家家设灯，有极精丽者"。

心灵手巧的制灯人，往往将兽角、翎毛、琉璃、皮革、丝绸巧妙运用，将灯造成牡丹、莲荷、曼陀罗等花卉的形状，更有车舆灯、屏风灯、佛塔灯、鬼子母灯等，还有鲩灯、玉灯、石灯、琉璃灯、缀珠灯、羊皮灯、罗帛灯等。

有用犀珀或玳瑁装饰灯圈、灯座。玉灯则多用白玉组成，石灯为进贡之物，琉璃灯用五色琉璃制作，其上品为无骨灯。无骨灯没有圈骨，圈片浑然一体，上面可绘饰龙综、鱼纹等图案，分光叠翠，效果良好。

缀珠灯以五色珠为网，下垂流苏，飘逸亮丽。

羊皮灯就是在羊皮上精镂细刻并用影戏的方法来妆染做成的一种皮影灯。

罗帛灯之类尤多，或为百花之形，或成网眼之状，间以红白二色，名为"万眼罗"的最为珍奇。

在宋代灯节上，机械传动的大型灯组逐渐增加。

在开封，有人更用辘轳把水引到灯山最高处，用大木柜贮放，到时放下，形成大瀑布状，又用草把扎缚成巨龙，草上密置灯烛数万盏，一见之下，蜿蜒腾挪，如双龙飞走。

在《东京梦华录》中记载，曾用彩带扎成文殊菩萨、普贤菩萨跨狮子、白象像。又在文殊、普贤手指间出水五道，还能让手指摇动。还记载了在宫廷做琉璃灯山，高达5丈，其中的人物都用机关控制，并扎成大彩楼装着。

宋代灯会上，更将模型景观的制作工艺，推向一个新的高峰。赵忠惠守吴，曾组织制作出春雨堂五大间的灯组。灯楼上汇聚了北宋、南宋两京具有代表性的景物，气势磅礴，瑰丽多姿。

宋代灯节中，还出现了不少后世皆效法承袭的灯品灯组，将灯放置在护城河上组成灯桥，在闹市区街上空悬挂彩索，将灯悬挂在上面组成过街灯。《东京梦华录》中说："以缯彩结束，纸糊百戏人物，悬于竿上，风动宛若飞仙。"

由此可见，机械装置已经在当时被大量运用了。

自宋代开始，元宵灯会上的艺术活动大大增加，形成了万众参与的大众文化活动，有"百艺群工，竞呈奇技"的局面。

每当灯会时，就有市民社团及艺人上街化装游行，表演各种舞蹈、杵歌、傀儡、竹马等节目。

《武林旧事》说，一些人家还"闲设雅戏烟火，花边水际，灯烛灿烂，游人士女纵观，则迎门酌酒而去"。山灯有几百种，而且极具新巧，无所不有。在这种灯的大世界中，灯市应运而生，灯谜呼之而出。

当时的元宵灯节，既有自上而下的组织，又有自下而上的参与；既有朝野同乐，举国同欢的一面，又有兴师动众，民力不堪负载的一面。

南宋都城临安，最初只是一些大街旁的茶馆，在元宵节时悬挂花灯售卖，如此数年，渐成气候，遂形成了灯市。灯市一般在元宵节前数天开始。

为了使灯市热闹起来，京尹每年都派人到灯市上巡视，根据各家商铺所悬挂的花灯数量，配给一定的蜡烛、灯油及费用。

到了正月十五，京尹会亲自前往灯市，其随行者会携带一只装满了纸币的口袋，给灯市上的游动小贩发红包，以感谢他们对灯市繁荣所做出的贡献，这叫作买市。

为了保证赏灯百姓的安全，地方官员在安保方面也是下足了工夫。每年的灯会期间，坊间的繁华热闹地带，都点有巨烛或松柴作为路灯，有兵卒站在一旁维持秩序。

路灯旁边还会押着几个罪犯示众，身上写明此人犯罪的缘由。如偷抢妇女头上的钗环首饰，或者举止不端，趁着人多，在妇女身边耍戏等。

其实这些人之前就已犯罪被关押于狱中，将之拿出来顶缸示众，目的是警戒作奸犯科的人，尽可能地将罪案扼杀在萌芽状态。

南宋的皇帝对灯会也非常支持。每年元宵节的二鼓时分，皇帝就会乘着小车，带领后宫嫔妃到宣德门上观赏鳌山。

除此之外，临安的一些大户人家，也在家中的花园水榭中布置各式花灯，并且开门任人游览，还备以酒菜款待，以显示自己的家势昌盛。

而那些居于幽坊静巷的小户人家，也在门前挂设数盏五色琉璃泡灯以应节，远远看去，倒也别有一番景致。

知识点滴

北宋时期，政治家蔡襄守湖州，为了在元宵节拼凑太平盛世的场面，竟命令不管家贫家富，民间每家每户上元夜必须点灯7盏。

一些过度奢华的灯会也有负面影响。当时有一个叫陈烈的人，做了一个长一丈多的大灯，并写了一首诗在上面，诗道：富家一盏灯，太仓一粒粟；贫家一盏灯，父子相聚哭。风流太守知不知，尤恨笙歌无妙曲！

元明两代灯文化趋于民间化

宋代灯会具有浓重官办色彩，元代和明代的灯会，则已演变成了纯粹的市场行为。

每年的正月初十至十六，各地的客商和巧匠就会云集京城，将自己制作的花灯拿到东安门外迤北大街售卖。其实，在这短短的数天里，不仅是花灯制作工艺的比拼，也是经商实力的比拼。

　　明代灯文化的发展沿着民间化、大众化的方向发展，元宵灯节以绚丽多彩的风姿展示了人民群众的聪明才智和民俗民情。

　　人们不仅以张灯观灯为乐，而且以灯多灯好斗胜争强，元宵灯节成了制灯扎灯艺术的赛会。因此，许多城市乡镇都设有灯棚，场面宏大，灯彩奇巧。

　　京城靠近灯市的商铺和住房，每年到了灯市开市的时候，租价就会翻番，要比平时贵上数倍，如果不是生意做得特别大的商人，轻易不敢问津。

　　另外，灯的式样繁多，工艺水平也不断地提高，有镶嵌珍玩珠宝的灯，也有从邻国或海外购买的灯，引来的观赏者络绎不绝。其中有一些价格高的灯，一盏就要卖上千两银子呢。

明太祖朱元璋建都金陵（南京）后，招来天下富商，迁居金陵，举办灯市，市场长5公里左右，出售许多各式各样的花灯及节令物品，使元宵灯节的商贸活动达到了前所未有的规模。

1409年，明成祖朱棣在给礼部诸臣的圣旨中说：

自正月十一开始，其赐元宵节十日百官朝参不奏事，有急事具本封进取处分。听军民张灯饮酒为乐。

自此，元宵节的假日游庆时间，达到了历史上最长的节假期。

上元之日，明朝的太监们都要穿上制有灯景图案的裈子。禁中乾清宫前，每日白天放炮，晚上要点燃鳌山。

1433年上元节，张灯西苑，明宣宗朱瞻基奉皇太后之命前往视察，皇后、皇太子都侍候一起前去。并命文武群臣及外国驻京使节前去观看。

在当时，元宵节期间的农村，以灯彩为主要内涵，举办节日娱乐活动。

到了清代，满族入主中原，宫廷不再办灯会，民间的灯会却仍然壮观，只是灯会日期缩短为5天。这种习俗一直延续到今天。

清代沿袭明代旧习，元宵灯节的文化娱乐活动更加丰富多彩。正月十五及前后两天，清宫及北京全市均悬灯庆贺节日。

在宫中，不仅张挂各式华贵的宫灯，而且冰灯也进入了宫廷陈列。《冰灯联句》记录了当时灯会的盛况：

上元夕，西厂舞灯、放烟火最盛。清晨先于圆明园宫门列烟火数十架，药线徐徐引燃，成界画栏杆五色。每架将完，中复烧出宝塔楼阁之类。并有笼鸽及喜鹊数十在盒中乘火飞出者。……舞罢，则烟火大发，其声如雷霆，火光烛半空，但见千万红鱼奋迅跳跃于云海内，极天下之奇观矣。

清代的元宵灯节上，赛马与马术、焰火的奇幻都在前代之上，而3000人的执灯表演，实际上是现在的团体操了，这也是清代以前绝无仅有的。

曹雪芹在《红楼梦》第十七、十八回中，描写了大观园中的元宵灯节盛景。小说中的大观园当然是虚构的，但曹雪芹所写，应该是清雍正乾隆时期官府灯节的缩影。

小说描写贾元春由皇帝恩准，于正月十五上元之日回家探亲，文中写道：

展眼元宵在迩，自正月初八日，就有太监出来先看方向：何处更衣，何处燕坐，何处受礼，何处开宴，何处退息。

元夕之夜，贾元妃回家探亲进了大观园，"只见院内各色花灯烂灼，皆系纱绫扎成，精致非常"，"园中香烟缭绕，五彩缤纷，处处灯光相映，时时细乐声喧，说不尽这太平气象，富贵风流"。

这些生动描写，形象地反映了当时灯会的盛况。

知识点滴

到了明代，灯的式样新颖繁多，更有镶嵌珍玩珠宝的灯，也有从邻国或海外贩回来的灯。

明人蒋一葵在《尧山堂外纪》中记载了这样一个故事：明朝年间的元夕灯节，京城有工匠用糯汁烧成琉璃瓶，然后制成花灯。花灯可以贮水养鱼，旁边映衬烛光，透明可爱。黄岩人王古直花重金买了一盏在家，爱不释手，终日耍玩。有天一不小心，他将琉璃瓶碰到地上，摔了个粉碎，悲叹道："吾平生家计在此，今荡尽矣！"

明代花灯的精巧程度、价值几何，从这个故事中可知一二。

天下第一灯的自贡灯会

　　四川自贡灯会以其气势壮观、规模宏大、精巧别致、迷离奇异的特色，组成了时代的交响诗和历史的风情画，以其富有个性的文化品位和艺术魅力，轰动神州，走出国门，名播四海，赢得了"天下第一灯"的美称，极大地推动了灯会艺术的发展。

南国灯城的主要盛会是闻名遐迩、蜚声中外的自贡灯会。南国灯城的形成，以自贡灯会的兴盛发展为其主线，并在城市建设、街景民居、会节庆典、文化艺术等诸多方面注入了灯文化的内涵。

自贡灯会的历史沿革与演进发展构成了南国灯城的历史文脉。据史籍记载，唐宋时期自贡地区已逐步形成新年燃灯、元宵节前后张灯结彩的习俗。

唐宋时期的自贡地区，新年和元宵放灯、燃灯之时，民间杂技、杂耍等表演活动也尽现其间，深得观灯民众的喜爱。

1175年，著名爱国诗人陆游曾在《沁园春》一词中写道：

一别秦楼，转眼新春，又近放灯。

可见，当时自贡地区新春张灯、放灯已为约定俗成的民俗活动。

当然，这与后来的灯会尚有差异。所以，唐宋时期应为自贡灯会的萌芽时期或初始阶段。

自贡地区灯会的成型是在清明时期，逐渐衍化为具有相对固定内涵、并在特定时段进行的并有一定传承历史的大型民俗文化活动。

据《荣县志》记载：

> 正月人日后，各祠皆燃火树，各门首皆点红灯，谓之天灯，富人寿年丰之意。兼仿古人礼鸣金执铤，以驱瘟疫，谓之狮灯场市。
>
> 一城数亭、一亭各式、其高数重，构栋雕楼，临春组合，彩笺书画，嵌灯如星，一亭燃四五百灯，辉丽万有。西人来观，也欣然京沪所不见也。

以上史料证明，清道光以后的灯会已崭露头角，其场景已甚为壮观，灯彩已甚为绚丽，较之京城大邑也毫不逊色。

明清时期，自贡地区灯会的发展和传承过程中，还有几个节点，成为了自贡灯会的地方特色和亮点。

每年正月初七开始，各祠庙均要立灯竿，悬红灯，举行祭祀活动，时称天会，也称天灯节。

庙内均张灯结彩，庙前均竖立灯竿，燃灯33盏至36盏。其余的小庙宇则点9盏灯，即灯竿两边持灯9盏。燃灯时间，少则3天，多则一月以上，视善男信女们所捐灯油的多寡而定。

天灯会的高潮是在元月十五元宵之夜。入夜除燃灯于高矗的灯竿，庙前庙内灯笼高持外，还要燃放鞭炮、焰火，耍龙灯、狮灯，各种杂耍。牛儿灯、车车灯的表演常常通宵达旦。

自贡天灯会的遗址甚多，至今在城乡保留着众多以灯竿命名的地名。在自贡地区中，灯杆坝几近十处，此外尚有灯杆冲、点灯山、灯会山、灯夹林、点灯坡、五里灯、万年灯、红灯山等，由此可见清代自贡地区灯会之盛。

天灯会的延续名为五皇灯会。贡井地区有庙名五皇洞，相传此处原为一山洞。五皇洞建立后，香火甚旺。

每年冬至到春节，庙内张灯结彩，抬着供品前来祭祀五皇、许愿还愿者，络绎不绝。正月初八起竖灯竿，点红灯，至正月十五元宵节祭祀活动达到高潮。入夜就点烟火，放鞭炮，通宵达旦，热闹非凡。

漂河灯又名放河灯。据史籍记载，清乾隆年间，贡井贵州庙即有办盂兰会之举。办会5天至7天，有放河灯、放焰火等活动。

自贡地区举办盂兰会、漂河灯一般是从中元节即农历七月十五日前两天开始。人们设斋供佛、祈祷叩拜，以求大慈大悲菩萨普度祖先、超度亡灵。诵经施法，做水陆道场，以求野鬼孤魂不要扰搅凡间。僧众人等，聚集在河边塘口，在一片诵经祈祷声中，将众河灯放置水面，任其漂流。莲子灯、鲤鱼灯等漂在最前面，称为头灯。

其余则多用红色的厚纸做成斗型的灯，尾随其后，一任漂放。放河灯有时也在晚间进行，河灯盏盏，灿若星河，缓缓流动，发人遐想，甚为壮观。

随着社会的发展和变革，自贡灯会也在民族文化的孕育和滋养下逐步精湛和娴熟起来。

知识点滴

人民造就了灯会，灯会造福于人民。伴随着新世纪的到来，自贡灯会以新的胜景奇观、异彩神韵出现在海内外，绽放更加绚丽夺目的光辉。灯会在发展过程中，彩灯艺术得到了更大发展，随着我国科学技术的发展，彩灯艺术更是花样翻新，奇招频出。

传统的制灯工艺和现代科学技术紧密结合，将电子、建筑、机械、遥控、声学、光导纤维等新技术、新工艺用于彩灯的设计制作之中，把形、色、光、声、动相结合，把思想性、知识性、趣味性、艺术性相统一。民俗特色与现代科技巧妙结合，使地方灯会更加富有特色。

荟萃众家之长的成都灯会

　　成都灯会是在元宵赏灯习俗的基础上发展起来的一种传统的民间娱乐活动。

　　南宋诗人陆游在《丁酉·上元》诗中描述成都灯会盛况：

　　　　突兀球场锦绣峰，游人仕女拥千重；
　　　　鼓吹连天沸午门，灯山万炬动黄昏。

成都一年一度的灯会在青羊宫举办，这一古老的民间习俗在成都得到了很好的展现，可谓精彩纷呈。

　　成都灯会究竟能追溯到哪个年代，现尚无定论。据有关的文字资料来看，在东汉顺帝时，沛国丰人张道陵在四川鹤鸣山创五斗米道举行的燃灯祭斗仪式，要算迄今为止最古老的原始灯会。

　　在汉晋时期，每逢春月花开时，蜀郡的统治者都要"纵民游乐，嬉戏西园"，同时灯红火耀，以粉饰太平。

　　唐人的《放灯日记》中有唐明皇在天宝十五年，即756年，安史之乱时逃到成都，与道家大法师叶清善上街观灯的记载。

　　前蜀皇帝王建常出游浣花溪，自夜达旦，当时也不定日放灯。后蜀皇帝孟昶曾在上元节到露台观灯。

　　《四川成都府志》上记载：

开宝二年，命明年上元放灯三夜，自是岁以为常。
十四、十五、十六三日，皆早宴大慈寺，晚宴五门楼，甲夜
观山棚变灯……街道灯火之盛，以昭觉寺为最。

由此可见，灯会的规模又日渐扩大了。

陆游在《汉宫春·初自南郑来成都作》一词中还有"何事又作南来，看重阳药市，元夕灯山"记述。

元代的四川，因连续20年的战争，赤地千里，十屋九空。但据当时的费著写的《岁华纪丽谱》查证，元宵佳节时，大慈寺仍是统治者张灯游乐之处。灯会结束后，往往还要举行一个残灯会。

到了明代，灯会又沿袭唐代，并在灯会期间招来天下富商，大办物资交流。入夜则放灯，伴之鼓吹杂耍。那情景，想必是非常热闹。

成都灯会，除了融各地之长外，还兼以造型的优美，做工的精致与立意之新颖见长。

现今彩灯艺人们除选用传统的竹、藤、绸、缎、金属和白糖、玻璃、蚕茧、贝壳、瓷器等材料外，同时还不断采用现代的激光、声控、电脑程控等新技术、新工艺，使成都彩灯格外璀璨夺目，绚丽多姿。尤其是以成吨食糖、上万件瓷器和玻璃瓶制成的巨型灯组，更是令人耳目一新和叹为观止，被称为成都灯会三绝。

成都彩灯表现的题材非常广泛，既有我国古典文学，又有西方名著；既有民间传说故事，又有飞禽走兽和奇花异草。

成都彩灯融形、色、声、光、高、大、新、精和艺术性、知识性、趣味性为一体，人们称赞她是"绚丽的诗，立体的画，有声的雕塑，流动的音乐"。

知识点滴

20世纪早期的成都灯会除元宵灯会外，还有夏日的荷花灯会，秋日里的菊花灯会等，其中仍数元宵灯会最热闹。以后，灯会逐渐移到西南郊的青羊宫，并作为传统的民间盛会延续到今天。

灯谜文化

  猜灯谜又叫打灯谜，是元宵节后人们饶有兴趣又喜闻乐见的一项活动。

  灯谜最早出现在宋朝。到南宋时，每逢元宵节，首都临安制谜、猜谜的人就有很多。他们把谜语写在纸条上面并贴在彩灯上让人们猜。灯谜大多轻快活泼、诙谐风趣，深受社会各阶层的欢迎。

  灯谜的产生与发展，极大地丰富了灯会的文化内涵，提升了灯会的魅力。

由夏朝歌谣演变而来的灯谜

　　灯谜是我国劳动人民智慧的结晶，是中华民族传统的一门综合性艺术。早在夏朝，就出现了一种用暗示来描述某种事物的歌谣。

　　随着人类社会的进步和科学文化的发展，到了春秋战国时期，这种歌谣发展、演变成廋辞，也称隐语。

　　当时列国纷争，人们在进谏时，往往都用隐语道出自己的意见，使君王从中得到启发。

　　"廋辞"两字最早见于左丘明《国语·晋语》："有秦客廋辞于朝，大夫莫之能对也。"可见那时的这些廋辞和隐语，就是我国灯谜的雏形。

　　这里讲的是发生于公元前542年的事，虽然没有记录下秦客廋辞的具体内容，但由此可见，春秋时期，廋辞已作为外交斗争的一种形式而登上了大雅之堂，在统治集团高级官员中运用了。

隐语比廋辞较晚出现，如同廋辞一样，也是以形象生动的评议来隐示事物，因而十分流行，上到诸侯将相，下至平民百姓，几乎人人都喜欢隐语。

在当时，有些统治者喜隐言而不好逆耳之言，臣民若要讽谏朝政，就必须投其所好，利用隐语转弯抹角地劝谏。

在国家之间的政治斗争中，为了达到不可告人的目的，也往往用隐语掩人耳目，暗中通情。

韩非子《韩非子·喻老》和左丘明《左传·宣公十二年》，分别记载了楚庄王和申无畏以及还无社和申叔展用谜语作答的故事。

开始的谜，流行于口头说猜，三国时期有人把谜写在纸上贴出来令人猜对。直至南朝宋时文学家鲍照作"井""龟""土"3个字谜，并以《字谜三首》收入他的诗集后，才有了"谜"字一称。

在南宋，有一些文人学士为了显示才学，常在元宵花灯之夜，将谜条贴在纱灯上，吸引过往行人，因之又有了"灯谜"一称。

谜语在春秋时叫言隐、隐语、庾辞，在汉代叫射覆、离合、字谜，在唐代叫反语、歇后，在五代叫覆射，在宋代叫地谜、诗谜、戾谜、社谜、藏头、市语，在元代叫独脚虎、谜韵，在明代叫反切、商谜、猜灯、弹壁、弹壁灯、灯谜、春灯谜，在清代叫谜子、谜谜子、切口、缩脚韵、文虎、灯虎、春谜、灯谜等。真是叫法花样百出，但都寓含了深刻的意思。

民间谜语与灯谜不同，灯谜属于文义谜，而民间谜语除了少量字谜外，都是以事物的特征来隐射的，因此，民间谜语属于事物谜。

民间谜语主要着眼于事物的形体、性能、动作等特征，运用拟人、夸张、比喻等手法来描绘谜底，从而达到隐射的目的。

民间谜语的谜底范围比较窄，除了少量字谜以外，大多数都是事物，如动物、植物、用物、人体器官、自然现象、人类行为等。它的谜面往往是山歌体的民谣，以四句形式出现较多，讲究押韵而有节奏，读之可以朗朗上口，而且形象生动，便于口头传诵。

由于民间谜语通俗易懂，故大多数都适宜少年儿童猜射。因此，有时也把民间谜语称作儿童谜语。

清中叶以后，谜风大盛，还涌现出了许多谜师。

世界各地的华人华侨都有灯谜活动及灯谜学术交流会，不断地促进着灯谜的发展。

在生产力还十分低下的西周以前，出现了谜语的语言现象，即富有隐喻和暗示性质的歌谣，如流行于商代的一首牧歌："女承筐，无实。士羊，无血。"

它运用了民间谜语的诡词法，牧场上的一对男女青年，女的拿筐，男的一剪一剪地剪着羊毛。"无实"和"无血"恰到好处，整首牧歌给人的印象是深刻的，既饱含情景交融，热情隽永和诗意，又不失矛盾诡辩、妙趣横生的谜味。

知识点滴

结合汉字结构的灯谜猜法

灯谜的猜法多种多样，主要有拆字法、离合法、增补法、减损法、半面法、方位法、参差法、移位法、残缺法、通假法、盈亏法、会意法等。

拆字法也称字形分析法，或增损离合法。它和会意法一样，是灯谜猜制两大法门之一。它利用汉字可以分析拆拼的特点，对谜面或谜底的文字形状、笔画、部首、偏旁进行增损变化或离合归纳，使原来的字形发生变化。这类谜往往虚实结合，须仔细推敲斟酌，才能求出谜底。

离合法是灯谜最常用的猜

制手法之一。汉字字形结构复杂，字中有字，可分可合，变化多端。离合法正是利用汉字这种可以分解又能重新组合并能产生新意的特点，来制作灯谜的。如"绿树村边合"，要求打一字，谜底当然应该是"林"字。其谜面择自唐代孟浩然《过故人庄》，今运用别解法，如："树、村"二字偏旁都是"木字旁"，为离；再将这两个边旁合起来成为"林"，为合。

从汉字的特点出发，用离、合的方法作字谜，是从汉代发展起来的。这与汉代盛行图谶有关。刘勰说："离合之发，则明于图谶。"谶语就是借助于字的离合，用谜语的形式做政治预言。

汉末童谣："千里草，何青青，十日卜，不得生！"这是一则暗隐"董卓当死"的谶语。其中"千里草"隐董，"十日卜"隐卓，用的就是拆字离合法。

增补法是根据谜面或谜底带有增加意义的字眼所作的提示，用增补字或者部首、偏旁、笔画的办法求得面底相互扣合。

谜面运用增补法的，如："为中国多做一点贡献"，要求打一字，谜底是"蝈"。这是将谜面别解成为"中国"二字多加"一"字和"、"，结合起来就得出谜底"蝈"字。本谜中表示增加意义的字眼是"为、多做、贡献"。

减损法是根据谜面或谜底带有减损意义的字眼的提示，从谜面或谜底中减去有关的字或偏旁、部首、笔画，然后使面底相互扣合。

谜面运用减损法的，如："明月当空人尽仰"一段中的"明"字，因"月当空"而损去"月"剩下"日"；后段"人尽仰"的"仰"字因"人尽"而损去"人"剩下"卯"等。答案是"昂"。

半面法也称"一半儿"谜。采用将谜面汉字各撷取一半部分的手法，而后拼成谜底，谜面大多数带有"半"字。

制作半面法谜应注意择面要自然浑成，不可硬凑。同时应注意合乎逻辑，不能模棱两可。例如以"半推半就"为谜面，它既可对"掠"又可射"扰"，犯了一谜多底的毛病，就不足取了。

方位法是按谜面文字笔画所指之东南西北、上下左右，内外边角等方位，将有关的字、偏旁、部首或笔画作相应处置，缀为底。这种谜贵在谜面典雅，技巧自然，废弃和撷取部分无斧凿痕迹。

参差法是利用汉字的笔画位置变更，无须增损，达到你中有我，我中有你，相互参差之目的。

移位法是依照谜面文字的修饰关系，再移动汉字笔画成谜底。

残缺法是通过谜面文字残缺组合成谜底。残缺的部位随谜意而定，残缺笔画有多有少，或一笔，或半截，或残边，或残角，灵活运用。如："残花片片入画中"，谜底是"毕"字，这是残去花字的大部分取两个"匕"，画中扣"十"，结合成"毕"字。

通假法是把谜面中的某个字，变今义作古义解释。也称"古通"，这通假带别解成分，有些字还有异读成分。

盈亏法是取文字的笔画，或此多一笔，彼少一笔；谜底作巧妙的调整，谜面含义以顺理成章为妥。如："多少心血得一言"，谜底是"谧"字，以心字多一撇，血字少一撇，然后与言字偏旁组合。

会意法也称字义分析法，它和拆字法一样是灯谜猜制两大法门之一。它从谜面上的文字可能具有的含义去领会、联想、推敲、探索谜底，使谜面谜底经过别解按某种特定的含义相吻合。

除了上述介绍的12种方法以外，还有诸如：一谜多底、旧谜新猜、字字双谜、与虎谋皮、拟面征底、拆底就面、谜面别解、谜面太泛、一字反义法、谜底别解、有典化无典和底面相克等。

一谜多底是指同一个谜面和谜目，却有多个不同的谜底的现象叫作一谜多底。如："兴会无前"，要求打一个字。这条谜，如果采用减损法来猜射，谜底是"公"字。这是将谜面别解成"兴会"二字没有（无）前面部分，剩下"八"和"厶"合成"公"字。

灯谜不仅是一项饶有趣味的文字游戏，有其知识性、趣味性、艺术性，而且也具有一定的宣传教育作用，有其思想性。

灯谜谜面与猜谜方法的多样化，足以体现汉语言文字的博大精深。由于汉语言文字博大精深，灯谜的猜法远不止于此。随着时代的进步，制谜更是达到了思想性与艺术性的统一，使得灯谜真正具有了社会价值。

灯谜设计谜面在讲究技巧和趣味的同时，还要考虑到底面之间的褒贬关系及其社会宣传效果，应赋予它健康、向上、积极的思想内容。

如果底面含义相矛盾，内容悖谬，褒贬失调因而与政治常识与思想常识相违背，就叫底面相克。

如以"千里姻缘"为谜面打法律名词"重婚"，谜面本是褒意，谜底却扣出了"重婚"之罪。又如以"出口产品"打三字口语"不中用"，谜底别解作"不为中国所使用"，但面底一联系起来，似乎是说中国的"出口产品"是"不中用"的东西，这就不好了。对于人物的褒贬更应注意。

知识点滴

精巧玲珑的各地元宵彩灯

　　我国花灯是多种技法、多种工艺、多种装饰技巧、多种材料制作的综合艺术。

　　在众多精巧玲珑的花灯中，可分为两大类：一是千姿百态的动态表演性花灯，如狮子灯、龙灯、走马灯、鲤鱼灯、蚌壳灯等；二是琳琅满目的静态观赏性花灯，如苏灯、太谷灯、扬州瓜灯、佛山柚皮灯、宫灯等，巧夺天工，美不胜收。

　　花灯通常分为吊灯、座灯、壁灯、提灯等，它是用竹木、绫绢、明球、玉佩、丝穗、羽毛、贝壳等材料，经彩扎、裱糊、编结、刺绣、雕刻，再配以剪纸、书画、诗词等装饰制作而成的综合工艺品，也是我国传统的民间手工艺品。

　　扎彩灯的手艺一般是代代相传的，彩灯艺人们用祖传的手艺活，继承着元宵佳节的传统风俗。

　　彩灯只在春节至元宵节的这半个月卖，但是准备工作和扎灯却是一整年都没停。通常，彩灯艺人是在元宵节后休息半个月，然后开始着手下一年彩灯的材料，七八月份便开始扎彩灯了。

　　彩灯看似简单，背后却有着20多道工序。首先，将买好的纸张压出皱纹，染上各种颜色；等染渍干的时候，就可以让人送来竹子，再根据一定的尺寸破竹、做竹篾、扎骨架；然后开始剪纸、折纸，做成各种需要的形状。最后，再挂上红色的挂穗，一盏简单却漂亮的彩灯就做成了。

　　我国最著名的彩灯是东至县彩灯。东至县位于安徽省南部深山之中，这里的彩灯已入选了第二批国家级非物质文化遗产名录。

在东至县，民间艺人自古以来就有利用本地所产的竹、木、藤、金属等材料制作各色彩灯的传统。闹彩灯也就成了这里民间最常见的娱乐活动。

东至县彩灯的历史可上溯到1000多年前的唐代后期，它由磨盘灯、六兽灯、八仙过海灯、五猖太平灯、龙灯、狮子灯、蚌壳灯等十多种形式各异的彩灯组成。

彩灯的主要种类以本乡本土为主，也有从外地流传到东至的，表演形式丰富多样，内容涉及民间舞蹈、音乐、手工技艺和宗教信仰等诸多领域。

在东至县，制作和表演彩灯主要以官港、张溪、石城、高山、木塔等乡镇的20多个家族为主。他们以家族为演出单位，以请神祭祖、驱邪纳福、祈求太平为目的。

历史上的东至县，每年春节期间都要举办灯会，一般从正月初二开始至正月十五元宵节结束。

流传在东至县石城乡境内的彩灯是六兽灯。东至县靠近佛教圣地九华山，民间习俗受佛教文化影响很深。九华山以及当地寺庙中常见到独角兽、青狮、白象、麒麟、鹿、獐六兽的塑像。当地居民把这六兽视为吉祥物，依照这六兽的形体扎制彩灯，高悬在门头之上，六兽灯因此而得名。此外，数字六还是取"六六大顺"的吉祥之意。

元宵节一过，这里的村民们会将六兽灯集中在村口焚毁，用当地人的话来说就是"行火升天"，这被称作圆灯，来年再玩再扎。

此外，在高山乡金塔村流行的五猖太平灯，模仿人神共舞的场面来烘托热闹喜庆的气氛。为了增加喜庆气氛，先人们还将舞狮子与之结合，这使得五猖太平灯成为一种有灯有戏、有舞有唱、有狮子有神鬼的古朴民间文化艺术形式。

近几年，随着科学技术的发展和人们自娱自乐意识的增强，已经推陈出新，增添了钢筋铁骨灯架，微型马达、新式电声光源入灯的现代化彩灯新品种。如能摇头摆尾招手致意、并用几国语言向观众问候的恐龙灯和能够展示火箭发射、飞天、回收整个过程的火箭灯，使元宵彩灯赋予了强烈的时代特色。

如今的元宵彩灯不仅是民间彩灯艺人彩扎、糊裱、剪纸、刺绣诸工艺与智慧的集中展现，它还是现代科技之光在彩灯上的折射。

此外，我国福建泉州的花灯更是冠绝天下。据花灯专家介绍，泉州的灯节始于唐朝。在唐僖宗时，左仆射傅实奉旨南下驻于泉州丰州，将闹花灯习俗也带到了泉州。此后，每年正月十五，家家张灯结彩，街道宛如灯河，男女老少争相出来观灯，歌舞升平，通宵达旦。

在宋代，泉州的灯节发展到了顶峰，花灯之盛，冠绝天下，形成上品花灯，有"春光结胜百花芳，元夕分华盛泉唐"之说。

特别是南宋，在泉州设南外宗正司，管理3000多名来泉州定居的皇室宗亲。他们仿照临安大放花灯，上元节的活动热闹壮观。甚至连京城、杭州点灯都委托泉州府尹、南安知县雇工精制。

福州花灯有着悠久的历史。早在唐代，福州就成为全国盛行花灯活动的十大城市之一。

每当元宵之际，民间制灯、买灯、赏灯、送灯尤为活跃。南宋时，在杭州举行的全国灯赛中，福州、苏州花灯被评为上品，蜚声海内。周密在《武林旧事》一书中记载，福州进贡京城的花灯，"纯用白玉，晃耀夺目，如清冰玉壶，爽彻心目"。据分析，当时制灯用的"白玉"，实际上是由寿山石切薄后磨制而成。

每年的正月十五，闽北各地的龙灯、花灯都会聚在一起，举行赛灯和踩街。闽北山乡元宵灯，不仅蕴含了乡村俚俗所富有的深刻的文化内涵，而且还古俗相沿，遗风尚存，充满了神话般的传奇与精彩。

进入春节，武夷山枫坡村以"拔烛桥、舞花灯"的方式闹元宵，展现出深厚的文明内涵。

闽北各地的花灯犹如一件件艺术珍品，灯的里里外外都被雕琢、修饰。每盏灯的外罩全是透明玻璃纸，四面贴有剪纸作品，有"梁山好汉""红楼倩影""杨门女将"等。还有动物花草和反映农村生活题材的"骏马飞跃""五谷丰登"等。此外，还有诗词、楹联、谜语。

这些剪纸作品栩栩如生，色彩鲜艳，清新美观，寓意深刻，为闽北山乡的节日增添一道美丽的风景，呈现出纷繁的异彩。

知识点滴

关于武夷山枫坡村以"拔烛桥、舞花灯"的方式闹元宵，其中还有一段传说故事呢！

据传，这种独特的传统习俗和禁赌有关。相传清咸丰年间，京官邱美金的爹爹见家乡赌博成风，土地荒芜，心中十分焦急。

于是他心生一计，假托京城传话给家乡称：由于赌博的瘴气遮住了家乡，麒麟看不到家乡的田，保不住丰收与平安，村民务必在正月里赶制百盏花灯，百个可插蜡烛的木架，在正月十四至十六3天绕村游行，然后把花灯堆放燃烧，将赌具——投入火中焚毁，清除瘴气，以求麒麟保佑。

乡民们便照此办法，焚烧赌具，安心生产，果然风调雨顺人畜兴旺。此后，此习俗代代相传，逐渐演变成"拔烛桥、舞龙灯"的活动。

元宵历史

在我国，元宵节人们都要吃元宵。元宵，即汤圆，以白糖、芝麻、豆沙、黄桂、核桃仁、果仁、枣泥等为馅儿，用糯米粉包成圆形，可荤可素，风味各异。

元宵有团圆美满之意。陕西的汤圆就不是包的，而是在糯米粉中"滚"成的，可煮食，可油炸，寓意元宵节人们红红火火，团团圆圆。

关于元宵的来历不仅有美丽的传说，更有其悠久的历史。团团圆圆的元宵，寄托了人们对未来生活的美好期望。

起源于春秋时期的元宵美食

元宵作为食品，在我国由来已久。民间相传，元宵起源于春秋时期的楚昭王。

一年的正月十五，楚昭王经过长江，见江面上有漂浮物，为一种外白内红的甜美食物。为此，楚昭王请教孔子，孔子说："此浮萍果也，得之主复兴之兆。"

在元宵节吃元宵的同时，人们还要吃些应节食物，如在南北朝时期浇上肉汁的米粥或豆粥。但这项食品主要用来祭祀，还谈不上是节日食品。

到了唐朝，郑望之在《膳夫录》中有这样的记载："汴中节食，上元油锤。"由此可见，唐宋时期就出现了元宵节的应节食品油锤。

在宋代《岁时杂记》中说："上元节食焦锤最盛且久。"说明油锤为宋代的汴中，即今河南开封元宵节的节日食品。

油锤是一种什么样的食品呢？据宋代的《太平广记》记载：油热后从银盒中取出锤子馅。用物在和好的软面中团之。将团得锤子放到锅中煮熟。用银策捞出，放到新打的井水中浸透。再将油锤子投入油锅中，炸三五沸取出。吃起来"其味脆美，不可言状"。

唐宋时的油锤，就是后世所言的炸元宵。油锤经过1000多年的发展，其制法与品种已颇具地方特色，仅广东一省，便有番禺的"通心煎堆"、东莞的"碌堆"、九江的"煎堆"等，可谓唐宋食风犹存。

唐朝的元宵节食的是面蚕。吕原明的《岁时杂记》就说道：

京人以绿豆粉为科斗羹，煮糯为丸，糖为臛，谓之圆子盐豉。捻头杂肉煮汤，谓之盐豉汤，又如人日造蚕，皆上元节食也。

到了宋代，民间就流行一种元宵节吃的新奇食品。这种食品，最早叫"浮元子"，后称"元宵"，生意人还美其名曰"元宝"。

到了明朝，人们就以元宵来称呼这种糯米团子。其制法是用糯米细面，内用核桃仁、白糖、玫瑰为馅儿，洒水滚成，如核桃大，这就是江南各地所称的汤圆。

清朝康熙年间，御膳房特制的八宝元宵，是名闻朝野的美味。早在康熙年间即为朝野所传闻。名剧《桃花扇》的作者孔尚任，对八宝元宵曾有这样的诗句："紫云茶社斟甘露，八宝元宵效内做。"

马思远是当时北京城内制元宵的高手，他制作的滴粉元宵远近驰名。符曾的《上元竹枝词》写道：

> 桂花香馅裹胡桃，江米如珠井水淘。
> 见说马家滴粉好，试灯风里卖元宵。

诗中所咏的，就是鼎鼎大名的马家元宵。

知识点滴

北宋以前的元宵是实心的，无馅，下在烧开的水中，配以白糖、蜜枣、桂花、桂圆等物。

南宋出现的中间包糖的乳糖圆子，大概是较早的有馅元宵。南宋时期，仅临安的上元节食品，便有乳糖圆子、山药圆子、珍珠圆子、澄沙圆子、金橘水团、澄粉水团和汤圆等。

其后，元宵馅又有甜咸之分。甜馅一般用白糖、红糖、桂花、果仁、芝麻等制作；咸馅多为荤馅，单包肉或肉蔬合包。

传统元宵的制作方法和食用

    我国人民过元宵节，有吃元宵的习俗。全国各地对元宵的制作方法也不尽相同，叫法也不一样。但食用元宵的文化内涵却是一致的。

    近千年来，元宵的制作日渐精致。光就面皮而言，就有江米面、黏高粱面、黄米面和苞谷面等多种面皮。馅儿料的内容更是甜咸荤素，应有尽有。

    甜馅有桂花白糖、山楂白糖、什锦、豆沙和花生等。咸的有猪油肉馅儿，可以做油炸炒元宵。素的有芥、蒜、韭、姜组成的五辛元宵，有表示勤劳、长久、向上的意思。

    元宵的制作方法，南

北各异。北方的元宵多是罗滚手摇，南方的汤圆则多用手心揉团。元宵有的大似核桃，有的小似黄豆。

元宵的吃法有多种。

一是煮元宵。煮元宵时要多放些水，水烧开后将火调小，见水面有轻微的滚动时，便可将元宵下到锅里，文火煮10分钟后，松软了即可起锅食用。

二是炸元宵。先把元宵煮熟，晾凉，然后再炸，这样不会炸崩了皮，同时也省油。如果炸生元宵，最好先放在鸡蛋清里滚一下，再放到油锅里炸，这样既安全，又能使炸出的元宵带有鸡蛋味。炸元宵时，需不断地翻动，以免炸得不均匀。

三是元宵改制汤圆。把买来的元宵掰开，取出馅，再将掰碎的元宵皮掺点水和成面，把取出的馅一个个地用面包上、揉圆。这样改制的元宵，容易煮，吃起来黏软可口，很像南方的汤圆。

上海人将元宵称作汤圆或圆子、团子。是用糯米粉搓成球状，再包上甜馅儿或肉馅儿。在上海所属的县、区农村中，还有一种荠菜圆子，别有风味。

上海松江元宵节做的糯米团子，有汤煮和蒸制两种，汤煮的大都是鲜肉馅儿或糖馅儿；蒸制的多为素馅儿。荠菜以外还有萝卜丝、百果、芝麻等馅儿料。

而无锡人在元宵节的早晨吃荠菜、糯米糕或汤圆，中午吃春卷，晚上全家在一起吃团圆饭。这天茶馆里泡茶，惯例要加进青橄榄，俗称"吃橄榄茶"，又称"吃元宝茶"。因为橄榄象征元宝，寓意发财得福。

元宵吃起来美味可口，其外形浑圆，象征着团团圆圆，幸福吉祥。元宵节吃元宵汤圆，是我国的传统习俗。全国各地有不少驰名的风味汤圆元宵。

在20世纪初，简阳人赖源鑫到成都挑担卖汤圆，因其汤圆质好、味美，人们称作赖汤圆。该汤圆选用上等的糯米粉加水揉匀，包上用芝麻、白糖、化猪油配制的馅心。该汤圆的特点是香甜滑润，肥而不腻，糯而不黏。

四川心肺汤圆，是四川彭水的风味小吃，以糯米粉制皮，将豆腐干、冬菜切碎，用猪油炒后制馅，煮熟配上卤煮的猪心、猪肺及多种调味料。食用时，再调以葱花、蒜末、花椒粉、辣椒等，鲜香可口。

长沙姐妹汤圆，是长沙一家餐馆的著名风味小吃，由于早年经营这款食品的是姜氏两姐妹，故此得名。长沙姐妹汤圆做法是以糯米、大米磨浆，取粉制皮，用枣泥、白糖、桂花做馅。其色泽雪白、晶莹光亮、小巧玲珑、香甜味美。

上海擂沙汤圆是上海著名的小吃。其做法是以大红袍赤豆煮熟磨细，将带馅汤圆煮熟，外滚豆沙而成，形美色艳，豆香宜人。

宁波猪油汤圆，是以精白水磨糯米粉为皮，用猪油、白糖、黑芝麻粉为馅，汤圆皮薄而滑，白如羊脂，油光发亮。

苏州五色汤圆，是苏州吴门米粉店所做，以糯、粳米粉镶配，包以由鲜肉、玫瑰猪油、豆沙、芝麻、桂花猪油5种配制的馅心。该汤圆甜咸皆备，为脍炙人口的江南风味。

山东芝麻枣泥汤圆，其做法是先将大红枣煮熟去核擦泥，猪板油去膜用刀拍碎，两者加白细砂糖搓成馅心，和水磨糯米粉做成小汤圆，芝麻炒熟和白细砂糖研成细末成炒面，将煮熟的小汤圆在炒面中滚一圈即可，吃时油润绵软。

广东四式汤圆，其做法是先将绿豆、红豆、糖冬瓜、芋头分别煮或蒸熟，去皮，分别加入白糖、芝麻、熟猪油等调味品制成4种甜馅料，将汤圆皮分别包入4种不同的馅心，做上记号。将4种汤圆放入加糖的水中煮熟。每碗装不同馅料的汤圆各一个。特点是软滑细腻，4种味道各异。

此外，北京的奶油元宵、天津的蜜馅元宵、上海的酒酿汤圆和乔家栅鲜汤圆、重庆的山城小汤圆、泉州的八味汤圆、广西的龙眼汤圆、安庆的韦安港汤圆、台湾的菜肉汤圆等，也都是驰名南北的风味汤圆。

元宵节除了吃元宵外，在一些地区还有其他的应节食品。

面条为元宵灯节落灯这天晚餐的食品。古有"上灯元宵，落灯面，吃了以后望明年"的民谚。这一食俗多流行于长江以北地区。

《仪徵岁时记》记载："正月十八落灯，人家啖面，俗谓'上灯圆子落灯面'，各家自为宴志庆。"落灯时吃面条，寓意喜庆绵绵不断之意。

黏糕又名年糕。元宵节除元宵、面条外，还有吃黏糕的。唐代名医孙思邈的《备急千金要方·食治》记载："自梁米，味甘、微寒、无毒、除热、益气。"唐代之后，元代也有元宵节食糕的记载。

在浙江的台州一带，每年正月十四，人们在看过花灯之后，就要食用糟羹。糟羹是一种用肉丝、冬笋丝、香菇、木耳、鲜蛏、豆干、油泡、川豆板、菠菜等炒熟，再加入少许米粉，煮成带咸味的糊状食品。

正月十五喝的糟羹是甜味的，用番薯粉或藕粉配上莲子、甜枣、桂圆等做成。

此外，在浙江浦江一带要吃馒头和麦饼。馒头是发面，麦饼呈圆形，取"发子发孙大团圆"的意思。

知识点滴

福建丰富多彩的闹元宵活动

　　在我国，元宵节是继春节之后最为热闹的传统节日，到处充满着喜庆与热烈的气氛。

元宵节是福建民间最重要的民俗节日之一，更是一年中各种民间文艺活动最集中、最丰富多彩的一个节日。在元宵节前后的几天，整个福建各地几乎成为一片狂欢的海洋。

　　闹花灯是汉民族最传统的元宵民俗活动，但闽西除了常见的在街头房舍悬挂，或者在固定场所展示的花灯外，还有自己独特的闹花灯方式。

　　连城芷溪的"出案花灯"，一个大花灯由近百个各式小花灯组成，造型十分复杂精致。一人擎着，农历正月初一便由数户人组合出游，到正月十一"正日"全部花灯汇合出游，争奇斗艳，锣鼓声、鞭炮声不绝于耳。庞大队伍从村头到村尾，长达数里，气势恢弘。

　　永定抚市正月十三至十七的"故事花灯"，也是热闹非凡。"故事"由青少年男女扮演，以轿子抬着，随队而行的是花篮灯、采茶灯、鲤鱼灯、狮象灯、蝙蝠灯、龙灯等，也是一路锣鼓、十番、响铳、鞭炮，直到深夜放焰火、烧架花后结束。

永定下洋的闹花灯结束后，还各自将灯迎放到祖宗坟墓前，尽现客家崇宗敬祖尽孝的精神。

连城坪上的水上花灯，则是把各式花灯抬到祖祠前池塘里的木排上，四周坐着十番乐队演奏，两个小伙撑着游池塘，灯光水影，乐声悠悠，引来岸上观者阵阵掌声，又具另一番风味。新罗区各地则有上百支各式采茶灯队伍的轻歌曼舞，引人注目。

迎古事是闽西民间闹元宵非常重要的节目。"古事"是以孩童化装成各种古代人物，固定在铁架上抬着巡游。

最著名的是连城罗坊"走古事"。它的特点是规模大，具有浓厚的竞技性，一棚古事需壮年男子多人轮流扛抬奔跑。

正月十五上午，在陆上抬着竞跑后，下午又到河水中逆水抬着竞跑。两岸人山人海，在锣鼓、鞭炮、响铳和呐喊声中，你追我赶，紧张热烈，撼人心魄，被喻为"客家山村狂欢节"。

在长汀、永定等县的一些乡镇，也多有这种"迎古事"活动，但只是抬着巡游，没有赛跑竞技。还有一种是"龙载古事"，即头尾是龙头、龙尾，中间节节龙身上坐着扮成各种古装人物的孩童，由数十人抬着巡游。连城城溪村还有骑在马上的"马上古事"。

在永定坎市、大溪、抚市、陈东等地，又出现了将古事铁架安在板车或汽车上的"车载古事"。

舞龙灯也称耍龙灯或龙舞，历史悠久。元宵节舞龙灯，给节日里的人们带来了无限的欢愉。

舞龙灯的起源可以追溯至上古时代。传说，早在黄帝时期，在一种叫《清角》的大型歌舞中，就出现过由人扮演的龙头鸟身的形象，其后又编排了6条蛟龙互相穿插的舞蹈场面。

见于文字记载的龙舞，是汉代张衡的《西京赋》，作者对龙舞作了生动的描绘。而据《隋书·音乐志》记载，隋炀帝时类似百戏中龙舞表演的《黄龙变》也非常精彩。龙舞流行于我国很多地方。

中华民族崇尚龙，把龙作为吉祥的象征。在古人的心目中，龙具有呼风唤雨、消灾除疫的神威，而我国自古以农业立国，风调雨顺对于生产、生活具有极为重要的意义。所以，古人极力希望得到龙的庇佑，由此形成了在祭祀时舞龙和在元宵节舞龙灯的习俗。

宋代吴自牧《梦粱录》记载：元宵节之夜，"以草缚成龙，用青幕遮草上，密置灯烛万盏，望之蜿蜒，如双龙飞走之状"。在长期的发展演变中，舞龙也形成了许多不同的样式，主要有龙灯、布龙等。

龙灯也称火龙，这是流行最为广泛的一种龙舞。这种龙由篾竹扎成龙首、龙身、龙尾，上面糊纸，再画上色彩。龙身有许多节，节数可多可少，但必须是单数。每节中点燃蜡烛，有的地方不点蜡烛，而是用桐油、棉纱或灯草做成的油捻。

这种油捻燃烧力持久，龙灯舞动时五光十色，始终不会熄灭。下面装有供舞者手持的木柄，龙前还有一人手举红色绸珠指挥龙舞。如鲤鱼化龙，灵活奇巧，善于变幻，舞龙手身着可开可合的鲤鱼皮。观众起先看到的是一条条戏水之鱼，可随着明快的乐曲突然一变，鱼儿成龙，然后一条口中喷火的鲤鱼跃过龙身，象征"鲤鱼跳龙门"。

布龙也称彩龙，主要在白天表演，节中不燃蜡烛，所以表演时腾飞欢跃，好似江海波翻浪涌，气势非凡雄伟。舞龙时循势连贯表现巨龙盘旋欢腾，动作非常复杂。有的地方闹元宵，各路龙灯汇集竟达百余条，队伍长达一两千米。每条龙灯还伴有十番锣鼓，声闻数千米，甚为壮观。

福建闽西民间元宵期间，到处都有舞龙灯的庆祝活动。但闽西除平时所见的一般龙灯之外，还有自己浓郁的地方特色。

在福建的个别地方，还有不少独有的元宵节民俗活动。如连城新泉和长汀涂坊等地，有以数万响长鞭炮盘圈在地板上，组成各种图案燃放的"烧炮"；连城隔田有以舞青狮黄狮开始，然后表演各式拳术和刀枪棍戟术的天川胜会。

此外，还有龙岩苏邦的法师在数十米高的刀梯上，表演各类高难动作后，往下撒谷子、筷子和硬币的元宵灯会。

这些丰富多彩的元宵节庆民俗活动，是福建数百年来的一种文化积淀，在一定程度上体现了福建人的社会观、人生观和价值观。

打船灯是福建闽西特有的节庆活动形式。上杭、武平、永定多为双人船灯，长汀、连城及新罗区多为单人船灯。

表演双人船灯时，一人藏身船舱扛起船灯，船头船尾一艄公、一艄婆，持桨边划边行边说唱，接着表演各种船灯小戏。

单人船灯船体较小无船篷，由演员一人挂在肩上，边划边唱边舞蹈。另一种是"船板灯"，如同众人抬着一艘龙舟，舟中坐着化装的孩童，仅是抬着巡游，看起来很有趣味。

知识点滴

民间各地红红火火闹元宵

在湖南的常德民间，家家户户都在正月十五张灯。入夜，不论贫富，家家张灯，街道、乡村、水边一片光明。

灯的制作工艺极为精巧，有走马灯、八宝灯、莲花灯、虾灯和鱼灯等。灯上绘有山水人物、花鸟鱼虫。有的设置灯谜，猜中有奖。

青年妇女平时不能随便抛头露面，若是观灯，则可名正言顺出游，有了谈情说爱的机会。

这时，花鼓戏、龙灯、狮舞和采莲船等纷纷出动，穿街入巷，锣鼓阵阵，欢声一片，喜气洋洋。

石门县的农村有放路灯的习俗，每户备明烛数十，每10步或5步燃烛一支。居于溪边的人放河灯，任灯顺流而下。又有放天灯的活动，就是用大幅薄纸糊成袋，袋口朝下并附上烛盏，燃烛充气上升。

湖乡有赛灯的习惯，沟港两岸居民认为胜者可五谷丰登。因此，争胜之心极强，如若赛灯将败，便烧茅屋一栋或几栋，以图取胜。

正月十五这天晚上，江苏无锡民间所挂的花灯名目很多，有龙灯、凤灯、鱼灯、兔子灯、走马灯以及各种神话灯、历代人物灯等。有的用灯扎成灯树、灯楼、鳌山、牌坊等，还有的进行踩高跷、扭秧歌、打太平鼓、玩花船、耍龙舞、耍狮子舞等活动。

花灯上还写有灯谜，吸引人们观灯和猜谜。在城里，最热闹的是崇安寺，明清时期，这里的灯市极盛，整条街上悬灯结彩。

元宵节前后的几天晚上，锡山的龙光塔的每只角和每一窗口都要挂上彩灯，犹如火树。元宵节晚上，还有人携带酒、菜登锡山、惠山，一面观赏市内夜景，一面饮酒赏月。

南昌人将过元宵节叫闹元宵，闹了十五还要闹十六。闹元宵这天，无论是城市居民还是农村住户，都必须吃元宵，象征全家团圆、幸福。吃了元宵之后，便开始闹灯了。

南昌邻县农村元宵节的龙灯，各式各样，有龙灯、板凳灯、关公灯、采莲灯等。板凳灯最长由1000多条板凳组成，用1000多人连接起来。起舞时整齐统一，十分壮观。

浙江象山石浦元宵节有两个民间风俗，一是吃"糊粒"，二是舞鱼灯。

象山石浦元宵节晚餐，家家吃的不是元宵而是"糊粒"。与其他地方不同的是，石浦人把正月十四定为元宵节，而非正月十五。这一天，人们把家里每间房屋都点上灯，做到"十四夜，间间亮"。

所谓糊粒，也叫糊粒姜，是以海鲜牡蛎、虾仁和鱼肉等为主料，加上猪耳朵、芋艿、萝卜、鸡蛋、香肠和年糕等，混合在一起做成的杂烩羹。

石浦地处东海之滨，是我国著名的渔港，东门岛、延昌、番头一带的渔民世代耕海牧鱼，故舞鱼灯的民间舞蹈是石浦最具地方特色的习俗。

对当地来说，风调雨顺，鱼蟹满舱，即是好年景，即是喜庆年岁。"鱼"与"年年有余""富足有余"的"余"字是谐音，因而，鱼便在人民心目中成了吉祥、幸福、美满的象征。

石浦是具有浓郁海洋文化的乡镇，"舞鱼灯"就是其中的一个重要的民间表演艺术。舞鱼灯托物寓意，也寄托着广大渔民对美好生活的向往和愿望。

山西一些地区的元宵节也有很多独具特色的习俗，如闹社火、放烟火、点灯等，很是热闹。

山东威海人十分重视元宵节。元宵这天，渔村家家户户红灯高挂，鞭炮齐鸣，男女老少走出家门，演活报剧，唱大戏，其隆重程度一点也不亚于春节。

与南方的灯会不同，威海不举行灯会，但在这一天要捏面灯，据说这是胶东最有特色的地方民俗之一。过去的灯均用豆面捏成，又称为豆面灯。豆面灯有月灯、散灯和生肖灯3种。

面灯多流行于我国北方地区。面灯的形式多种多样，有的做灯盏12个，闰年做13个，盏内放食油点燃，或将面灯放锅中蒸，视灯盏灭后，盏内余油的多寡或蒸熟后盏中留水的多少，以卜来年12个月份的水、旱情况。元宵节捏面灯，仍然是我国北方经久不衰的习俗，反映了人们对未来生活的美好希望。

知识点滴

关于象山石浦人元宵节吃糊粒的习俗还有一段历史典故。据说，明朝嘉靖年间，倭寇屡犯我国海疆，戚继光奉命抗倭。

有一年的正月上旬，倭寇大举入侵。戚继光的军队和老百姓众志成城，英勇抗击，倭寇死伤无数。我军民于是杀鱼宰猪，欢庆抗倭大捷。

岂料，正当各种菜肴准备下锅烧煮时，另一支倭寇前来进犯。军情危急，已无时间烧煮菜肴，伙夫就匆忙把切好的各种小菜，全倒入锅内，后又加上米粥和薯粉，做成糊粒。即刻，将士们有滋有味地吃起来。结果将士们士气大振，大获全胜。

从此后，每逢正月十四，家家户户都要吃糊粒以示纪念。后来，吃糊粒便流传成为一种民间节俗，象征团结、胜利、欢庆和美满。

节日习俗

农历正月十五元宵节，又称为上元节、春灯节，是我国汉族民族传统节日。

我国历史悠久，幅员辽阔，所以关于元宵节的习俗在全国各地也不尽相同，其中吃元宵、赏花灯和猜灯谜是元宵节几项重要民间习俗。

元宵节期间的民俗活动，是随历史的发展而不断变化扩展的，并因其丰富的节日文化内涵而得到延续和传承，因此具有恒久的生命力。

南北异俗的舞狮子和踩高跷

舞狮子又称狮舞，是我国优秀的民间艺术，每逢元宵佳节或集会庆典，民间都以舞狮前来助兴。这一习俗起源于三国时期，南北朝时开始流行，至今已有1000多年的历史。

相传，舞狮的活动最早是从西域传入的。狮子是文殊菩萨的坐骑，随着佛教的传入，舞狮子的活动也进入我国。

狮子是汉武帝派张骞出使西域后和孔雀等一同带回的贡品。而狮舞的技艺却是引自西凉的假面戏，也有人认为舞狮是5世纪时产生于军队，后来传入民间的。两种说法都各有依据，今天已很难判断其是非。

不过，唐代时，舞狮已成为盛行于宫廷、军旅、民间的一项活动。唐段安节《乐府杂录》中说：

戏有五方狮子，高丈余，各衣五色，每一狮子，有十二人，戴红抹额，衣画衣，执红拂子，谓之狮子郎，舞太平乐曲。

诗人白居易《西凉伎》诗中对此有生动的描绘：

西凉伎，假面胡人假狮子。
刻木为头丝作尾，金镀眼睛银贴齿。
奋迅毛衣摆双耳，如从流沙来万里。

诗中描述的是当时舞狮的情景。

在1000多年的发展过程中，舞狮形成了南北两种表演风格。北派舞狮以表演武狮为主，即魏武帝钦定的北魏瑞狮。小狮一人舞，大狮由双人舞，一人站立舞狮头，一人弯腰舞狮身和狮尾。

舞狮人全身披包狮被，下穿和狮身相同毛色的绿狮裤和金爪蹄靴，人们无法辨认舞狮人的形体，它的外形和真狮极为相似。

引狮人以古代武士装扮，手握旋转绣球，配以京锣、鼓钹逗引瑞狮。狮子在狮子郎的引导下，表演腾翻、扑跌、跳跃、登高、朝拜等技巧，并有走梅花桩、窜桌子、踩滚球等高难度动作。

南派舞狮以表演文狮为主，表演时讲究表情，有搔痒、抖毛、舔毛等动作，惟妙惟肖，逗人喜爱，也有难度较大的吐球等技巧。南狮以广东为中心，并风行于港澳、东南亚侨乡。

南狮虽也是双人舞，但舞狮人下穿灯笼裤，上面仅仅披着一块彩色的狮被而舞。和北狮不同的是，狮子郎头戴大头佛面具，身穿长袍，腰束彩带，手握葵扇而逗引狮子，以此舞出各种优美的招式，动作滑稽风趣。

南狮流派众多，有清远、英德的鸡公狮，广州、佛山的大头狮，高鹤、中山的鸭嘴狮，东莞的麒麟狮等。南狮除外形不同外，性格也不同。

白须狮舞法幅度不宽，花色品种不多，但沉着刚健，威严有力，民间称为刘备狮；黑须红面狮，人称关公狮，舞姿勇猛而雄伟，气概非凡；灰白胡须狮，动作粗犷好战，俗称张飞狮。

狮子为百兽之尊，形象雄伟俊武，给人以威严、勇猛之感。古人将它当作勇敢和力量的象征，认为它能驱邪镇妖、保佑人畜平安。人们在元宵节及其他重大活动里舞狮子，就是希望生活吉祥如意，事事平安。

踩高跷也是一项重要的习俗，作为汉族传统民间活动之一，踩高跷技艺性强，形式活泼多样，由于演员踩跷比一般人高，便于远近观赏，而且活动方便无异于活动舞台，因此深受群众的喜爱。

高跷本属于我国古代百戏之一种，早在春秋时期已经出现。我国最早介绍高跷的《列子·说符》篇中写道：

> 宋有兰子者，以技干宋元。宋元召而使见其技。以双校长倍其身，属其胫，并趋并驰，弄七剑迭而跃之，五剑常在空中，元君大惊，立赐金帛。

从文中人们可以得知，早在公元前500多年，高跷就已流行。表演者不但以长木缚于足行走，还能跳跃和舞剑，高跷分高跷、中跷和跑跷3种，最高者达3米多。

据古籍中记载，古代的高跷皆属木制，在刨好的木棒中部做一支撑点，以便放脚，然后再用绳索缚于腿部。表演者脚踩高跷，可以做舞剑、劈叉、跳凳、过桌子、扭秧歌等动作。

在北方的高跷秧歌中，扮演的人物有渔翁、媒婆、傻公子、小二哥、道姑、和尚等。表演者扮相滑稽，能唤起观众的笑声和喝彩。

南方的高跷，扮演的多是戏曲中的角色，关公、张飞、吕洞宾、何仙姑、张生、红娘、济公、神仙、小丑皆有。他们边演边唱，生动活泼，逗笑取乐，如履平地。

据说踩高跷原来是古代人为了采食树上的野果，给自己的腿上绑两根长棍以增加高度而发展起来的一种跷技活动。

关于踩高跷的来历，民间还有一种传说。说是春秋战国时期的晏婴，有一次出使邻国，邻国国君笑他身材矮小。于是晏婴就装了一双木腿，顿时高大起来，弄得那国君臣啼笑皆非。

而后，晏婴又借题发挥，把外国君臣挖苦了一番，使得他们很是狼狈。从此，踩高跷活动流传至民间。

此外，民间还有一种传说，把踩高跷与同贪官污吏作斗争联系在一起。从前，有座县城叫两金城，城里和城外的人民非常友好，每年春节都联合办社火，互祝生意兴隆，五谷丰登。

不料，后来来了一个贪官，把这看作是一个发财的机会，于是规定凡是进出城办社火，每人都要交3钱银。人们不交，他就关城门，挂吊桥。但仍难不住聪明的人们，他们就踩着高跷，翻越城墙，过护城河，继续欢度春节，乐此不疲。

知识点滴

承继殷周祭天遗风的舞龙

灯节虽始于汉初，盛于唐宋，但舞龙的习俗是承继商周祭天的遗风。它在历史文籍的记载中出现的时间极早，而且包含祈祷风调雨顺、国泰民安，原有"祈年"的意思。

古人民智不开，大概由于龙在神话中是海洋的主宰，威力无穷，而海洋主水，龙也就很自然地做了农作物的司雨神。民以食为天，谷物是维持生命的根本，间接也就操纵了人类的生命。

按这意义来看，龙的重要性竟超越了祖宗，即帝舜、契和后稷。如此，龙被古人奉为"吉物"出现在庆典祭祀中，自然也不足为奇了。

《礼王制》称："宗庙之祭，春曰钥，夏曰禘，秋曰尝，冬曰烤。"可知，春节的"开灯"，就是代表"春祭"。所以，舞龙最初应是一种祭祀，而非娱乐，成为助庆娱乐应是汉唐以后的事。

有一则传说，也可以说明舞龙纯是为了纪念，含有祭祀成分。相传很久以前，苕溪岸边有个荷花村，村前有一个荷花池，池塘里长满了荷花。每到夏季，碧绿的荷叶铺满水面，无数朵出水荷花，袅袅婷婷，鲜艳无比。

荷花池边住着一对勤劳善良的青年夫妇，男的叫百叶，女的叫荷花，夫妻俩男耕女织，相敬相爱。

这一年，荷花怀了孕，过了10个月，孩子却没有生下来。又过了一年，还是没有生下来，直到第999天，才生下了一个男孩。

百叶见孩子生得端正健壮，心里好生喜欢。再仔细一瞧，更是错愕不已：这孩子的胸口脊背上竟长着细细的龙鳞，金光闪闪，耀人眼目。数一数，有999片呢。

旁边的接生婆一见，大吃一惊，嚷道："哎呀，了不得，你们家里生了个龙神！"

消息传遍村子，人人都来道贺。消息惊动了村里的老族长。老族长的儿子在朝廷做官，他的身边留着一个横行霸道的丑孙子。这祖孙俩一听到百叶家里生下龙种，立刻手持钢刀要来砍杀。

乡亲得到消息，马上给百叶报信，大家细细商量，想出了个办法：将孩子放在脚盆里，悄悄把他藏到门前的荷花池中。

老族长和他的孙子带人冲进门来，孩子已经不见了。老族长见找不到龙种，抓住百叶逼他交出来。孙子见荷花长得美丽，心生一计，举起钢刀杀死了百叶，把荷花抢到家里。

老族长心想：龙种没有了爹娘，即使活着，也必定饿死。再说荷花会生龙种，将来龙种会生在自己家里，这天下就是我家的了。

荷花被抢到老族长家里，她想念丈夫和孩子，十分悲痛。老族长逼着她去淘米，荷花拿着淘箩走到池边，轻轻漾动池水，忽然一阵凉风吹来，荷塘深处，花叶纷纷倒向两边，让出一条水路来，只见自己的儿子就坐在脚盆里，向她漂来。

荷花又惊又喜，连忙将儿子抱到怀里，喂饱了奶水，仍然放回脚盆里。一阵凉风，脚盆又漂回到荷花丛中。荷花知道儿子没有饿死，心里十分高兴。

自此，她一日3次到池中淘米，就给儿子喂上3次奶水。这样喂了999天，儿子渐渐长大，满身龙鳞闪耀金光。

到了夜里，荷花池中光芒四射。村子里的老百姓知道龙种没有被灭掉，暗暗高兴。老族长得知龙种竟在荷花池中，又生毒计。

一天傍晚，荷花到池边淘米，族长祖孙两个躲在杨树丛里察看动静，只见碧波荡漾，花叶浮动，一阵凉风吹来，荷塘深处徐徐漂来一只脚盆，盆中坐着个满身金色的孩子，欢乐地举着双手向淘米的荷花扑过去。

荷花满心欢喜，正要伸手去抱，杨树丛中闪出个人，举起明晃晃的钢刀直向孩子砍去。刹那间，只见孩子从脚盆里倏地跳起来，化成一条金色小龙，向池中跃去。可是迟了，那一刀砍到了小龙的尾巴。

荷花丛中停着的一只美丽的大蝴蝶，忽然飞过去，用身子衔接在小龙的尾部，一对美丽的翅膀变成了小龙的尾巴。

小龙长啸一声，霎时间，狂风大作，乌云翻滚，满池荷花的花瓣也纷纷扬扬飞旋起来。霹雳闪电之中，小龙的身体渐渐变大，化成了数十米长的巨龙，在荷花池上空翻腾飞跃。

这时，一阵龙卷风刮了过来，小龙腾空而起，乘风直上，飞入云端。这阵龙卷风好不厉害，那个砍龙尾巴的人被卷到半空，抛得无影无踪。老族长见孙子被风卷走，"扑通"一声，吓得跌进了荷花池。

荷花看见儿子化成一条蛟龙飞上天空，大声呼喊，但蛟龙已经飞得无影无踪。自此以后，苕溪两岸每逢干旱，小龙就来行云播雨。

当地百姓为感谢它，就从这个池中采摘了七七四十九朵荷花，用了999叶花瓣，制作成一条花龙。因为不到1000叶，所以取名百叶龙。

每年春节，老百姓就要敲锣打鼓来舞龙。这个传说表现了人们除恶敬善的美好愿望。

知识点滴

在我国古代神话与传说中，龙是一种神异的动物，具有9种动物合而为一又九不像的形象，是一种兼备各种动物之所长的异类。

传说，龙多能显能隐，能细能巨，能短能长。春分登天，秋分潜渊，呼风唤雨，而这些已经是晚期发展而来的龙的形象，相比最初的龙而言更加复杂。

我国封建时代，龙是帝王的象征，也用来指至高的权力和帝王的东西，如龙种、龙颜、龙廷、龙袍、龙宫等。龙在我国传统的十二生肖中排第五，其与白虎、朱雀、玄武一起并称"四神兽"。

纪念大禹治水的划旱船活动

　　划旱船，民间传说是为了纪念治水有功的大禹。划旱船也称跑旱船，就是在陆地上模仿船行动作，表演跑旱船的大多是姑娘。

旱船不是真船，多用两片薄板，锯成船形，以竹木扎成，再蒙以彩布，套系在姑娘的腰间，如同坐于船中一样，手里拿着桨，做划行的姿势，一面跑，一面唱些地方小调，边歌边舞，这就是划旱船了。

　　有时还另有一男子扮成坐船的船客，作为搭档表演。男子则多半扮成丑角，以各种滑稽的动作来逗观众欢乐。划旱船流行于我国很多地区。

　　元宵节也是一个浪漫的节日，元宵灯会在封建的传统社会中，也给未婚男女相识提供了一个机会。

　　传统社会的年轻女孩不允许出外自由活动，但是过节却可以结伴出来游玩。元宵节赏花灯正好是一个交谊的机会，未婚男女借着赏花灯，也顺便可以为自己物色对象。元宵灯节期间，又是男女青年与情人相会的时机。

　　另外，民间有关元宵节的习俗、谚语相当多，其中偷俗是较为有趣的。传说未婚男女在元宵夜"偷挽葱嫁好尪、偷挽菜嫁好婿、跳菜股娶好某、偷老古得好某"。新婚妇女或是结婚妇人如果想要生男得子，则可在元宵夜"偷竹篱得男儿"，或是在元宵节当天前往寺庙"棱灯脚，阮尪年底做阿爸"。

元宵节除了庆祝活动外，还有信仰性的活动。那就是"走百病"，又称烤百病、散百病。

走百病是明清以来北方的风俗，有的在正月十五，但多在正月十六进行。这天，妇女们穿着节日盛装，成群结队走出家门，走桥渡危，登城，摸钉求子，直到夜半始归。

明清时，北京等地正月十五，妇女夜间约齐外出行走，一人持香前导，见桥必过，认为这样能祛病延年，又称走桥，江南苏州一带称为"走三桥"。

江南水乡乌镇在正月十五有走桥健身、祈福的习俗。元宵节晚上，人们成群结队，扶老携幼，提着花灯，在河边桥上游走，远远望去，煞是壮观。走桥必须走过至少10座桥，忌走回头桥，所以开始走时心中必须得有个计划。

关于走百病的习俗，其他典籍也有记载。

在现在的天津，还保留着走百病的习俗。因为是在农历正月十六进行，当地称作"溜百病"。

永平府元宵节，有病的妇女群聚窑下，称"陶灸"。儿女交错度桥，称"度百厄"。

走百病这一元宵节习俗，显示出了人们祈求平安健康的最基本的生存愿望。

知识点滴

逐鼠这项活动的一种说法是，吴县有一个叫张成的人，起夜时，看到一个美丽的女子立在家中的东南角，举手召唤他。

张成走上前去，女子对他说："我是你们家的地方神，明年正月十五的时候，你做好粥，上面盖上肉来祭祀我，你们家的蚕桑就能丰收。"

说完，这女子就不见了。张成从此以后每年都这样做，果然年年丰收。

因此，在丝绸业逐渐兴盛的魏晋时期，这种风俗就流传开来。传说虽不可信，但是人们渴望丰收的愿望却是实实在在的，不容置疑。

潮汕地区独特的元宵节习俗

元宵节是我国三大传统节日之一，全国各地都举行各种活动来庆贺。因一地的风俗是由其自然环境和社会环境决定的，所以潮汕地区的元宵节也有一些有别于其他地方的有趣习俗。

先说吊喜灯的习俗。灯火在祀神礼节中是作为光明喜乐的象征。从正月十一至正月十八，特别是元宵节这一天，潮汕家家户户有点灯、吊灯的习俗。因潮语灯和丁同音，点灯和添丁是近音，故潮汕人认为点灯即为添丁的佳兆。

元宵节这一天，人们纷纷提着灯笼，备齐纸银香烛，到乡中神庙点火，回来分别吊在家里的神龛和床头，这叫作吊喜灯。

此外，如果去年元宵以后生了男孩子，农历正月十三起家人就必须挑起一对红灯笼，并在灯屏下贴着红纸写上姓名，欢天喜地挂到乡中宗族祠堂的灯架上，以此象征着家中添了丁。

每晚家人要抱着孩子到祠堂中，一面往自己的灯笼里点燃蜡烛，使灯笼通红，一面接受周围乡人的祝贺。元宵夜更是庄严、热闹。

潮汕人还有元宵节做丁桌的习俗。在潮汕乡村，上一年生过男孩的人家，元宵夜还要在祠堂设宴请客，以庆出丁，俗称做丁桌。

宴客时有两种席式，一种叫龙船席，即用好多只方桌连接起来，客人围在两旁吃饭，形同划龙船；另一种叫走马席，即无论亲朋疏厚，认识不认识的人都可以进来吃饭，吃完后主人再重新摆上各种菜肴，招待另一批客人的来临，接连不断。这后一种席式一般是较有钱且较慷慨的人家才会这么做。

新中国成立后，由于时代在前进，思想在进步，潮汕人虽仍有元宵办丁桌的习俗，但多改为在自家里进行，且限于宴请较亲的亲戚和较好的朋友，丰俭由人，无人计较。

求喜物也是潮汕人元宵节的一大习俗。元宵节这一天，乡村中多有设坛拜神活动。各神庙宗祠灯火齐明，烟雾弥漫，善男信女争先参拜，拥挤异常，热闹非凡。

神坛前摆设的鸡、鹅、鸭、糖果、米果品、花烛、大吉，及潮州柑等祀品被视为神物。

参拜的男女纷纷卜取祭品，取回家中，这就叫作求喜物。人们认为用了这些神物后，就可以让家门平安、添财添丁。

卜取神物回家的人家，明年要照还或多还所拿的神物。于是有些人便乘拥挤的机会，偷偷拿走坛前的祭品回家吃，意谓吃兴盛。

掷喜童也是潮汕人的一大习俗。元宵节这一天，乡村大都有人在祠堂大埕、街头巷尾的开阔处，搭起一个彩棚，里面用泥土塑成一尊巨型的弥勒佛，袒胸露乳，笑容可掬。弥勒佛光秃秃的头、肩、肚脐、大腿等部位都摆设有男女泥喜童。

人们站在一丈多远的竹栏杆外，用铜钱瞄准弥勒佛身上的泥喜童。中者喜童即归其所有，而在一些较难命中的部位，如头顶、耳朵等，命中者则一赠二三不等；不中者铜钱即归摆弥勒佛的棚主所有。这是一项老少都喜爱的活动。

元宵节，潮汕大都有度桥的习俗，这在旧方志中也有所记载，清顺治《潮州府志》和乾隆《揭阳县志》记载：上元妇女度桥投块，谓之"度厄"。

在揭阳，元宵这一天，男女老幼争先度过桥，少男祈望日后娶贤妻；姑娘祈嫁个好夫婿，产男孩；老者则祈求健康长寿；小孩子则祈求长大成人。

此外，元宵节这一天，潮汕有些地方还要采榕树枝、竹叶回家插在门楣、灶台、禽舍，以祈人口平安、六畜兴旺。

有些地方的新婚夫妻要在乡里老榕树下荡秋千，任乡人往其身上泼粪便，说是被泼得越多，今年就能生男孩。

有些地方的农户还要到屋外或田地里抱回灰砖或土块，放在猪栏内，称正月十五夜抱大猪，以祈饲养大猪发大财。

有些地方的少女偷偷到菜园里坐下一芥菜，说是坐大菜，将来嫁个好夫婿；而少男则偷偷推倒厕所墙，说是将来可以娶到雅女么。有些地方则举行赛大猪、赛大鸭、赛大鹅、赛大鸡等赛会活动及夜间抬神出游的游神活动。

广东省海丰县闹元宵的方式有很多。

一是悬灯结彩。全县各地祠堂庙宇悬挂元宵灯，有的搭起灯棚，悬挂大型精致的鳌山灯，展现各种用泥塑或纸扎的"公仔"布置成《桃花过渡》《唐僧取经》等戏剧场景。

灯火生风，带动"公仔"旋转过场，惟妙惟肖，煞为好看。各户悬灯分多种，当年生男的人家悬挂的大花灯称"男孙"灯，当年新婚悬挂的纱灯称"新婚"灯。儿童则满街奔跑，挥舞着各式古灯、提灯等。火树银花，甚为壮观。

二是秋千对歌。在海城高田南门湖畔及公平盐街口，青年男女边荡秋千边对歌，唱着十二月歌、百鱼名、百鸟名等，或临时自编自唱，多为歌颂太平、喜庆丰收或表达男女恋情等。

围观之人，有的附和着曲子，有的等待着轮流打秋千，通宵达旦，尽情欢乐。

三是抢炮头。梅陇习俗有人在高台点燃大鞭炮，台下的人们争先恐后地抢拾，抢到头炮的为最尊，全家庆幸，好不畅快。

多种多样的元宵节习俗，丰富了人们的生活。剔除糟粕，取其元宵节传统文化的特色习俗，有利于古老的中国文化走向世界。

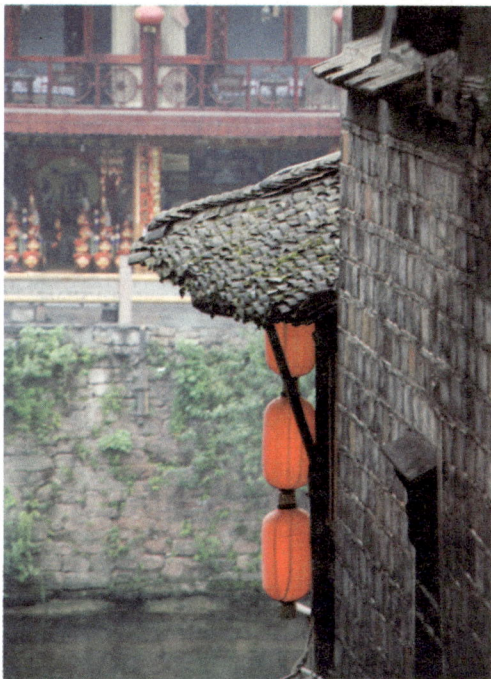

知识点滴

在普宁洪阳也有正月十五夜行头桥的习俗。头桥即已有400多年历史的太平桥，其两侧栏杆两端都有两头石狮。

每逢元宵夜，男女老幼共同走过太平桥。过桥时不可回头，否则认为不吉利。

过桥的人们还有摸石狮子的习俗。正在读书的小孩喜摸石狮鼻，谓"摸狮鼻，写雅字"；未婚的小伙子喜摸狮肚，谓"摸狮肚，娶雅女"；而已怀孕的妇女则喜摸狮耳，说是"摸狮耳，生阿弟"。

极富地方特色的元宵习俗

　　我国的元宵节，是春节以外较为重大的节日。在我们这个多民族的国度里，各地区的居民欢度元宵节的形式也是多种多样。其中，有许多独具特色的习俗，至今仍广为流行。如给新嫁女送孩儿灯、偷菜节做白菜宴、放河灯和走老貌、净街送灯、荡秋千、迎紫姑、听香卜吉凶、祭东施娘、龙换酒等。除此之外，元宵节祈福的习俗也很多。

送孩儿灯称送灯，也称送花灯等，即在元宵节前，娘家送花灯给新嫁女儿家，或一般亲友送给新婚不育之家，以求添丁吉兆，因为"灯"与"丁"谐音。

这一习俗许多地方都有，陕西西安一带是正月初八至十五期间送灯，头年送大宫灯一对、有彩画的玻璃灯一对，希望女儿婚后吉星高照、早生贵子。如女儿怀孕，则除送大宫灯外，还要送一两对小灯笼，祝愿女儿孕期平安。

流行于贵州省黄平一带苗族的偷菜节，也是在每年正月十五举行。节日这天，姑娘们便成群结队去偷别人家的菜，严禁偷本家族的，也不能偷同性朋友家的，因为偷菜与她们的婚姻大事有关。所偷的菜仅限白菜，数量够大家吃一顿即可。偷菜不怕被发现，被偷的人家也不责怪。大家把偷来的菜集中在一起，做白菜宴。

据说谁吃得最多，谁就能早得意中人。同时，所养的蚕最壮，吐出的丝也最好最多。

广东省文昌县县民元宵节夜偷青时，偷中的以挨骂为吉祥之兆，偷不中者则以不挨骂为吉兆。

淄博市淄川区的元宵节，临水人家多放河灯。泰安市宁阳县的元宵送灯至祖坟。滨州市博兴县的元宵节有照灯的习俗，男孩子提着灯绕枣树6圈，口念"嘟佬嘟佬，开花结枣"6遍，就能使枣树丰收。

山东省日照市莒县男女老少于正月十六到野外踏青，称之"走老貌"。据说每年走一次可永葆青春年少。这些习俗体现了人们渴求富足与健康的心愿。

福建省泉州花灯别具特色，有香灯、纸折莲花灯、丝料宫灯、八结灯等。邵武县元宵夜境内庙宇绕境迎香，称为"净街"。

福建南部，有元宵节两村儿童互掷石为戏的习俗。据说若不掷石，那个村子必定发生瘟疫。

福州民间有送灯的习俗。每当元宵节临近，福州的南后街便成了花灯的海洋，古老的建筑、川流的人群和鲜艳的花灯融合在一起，将福州人送花灯、闹元宵的传统习俗，演绎得淋漓尽致。

每年元宵节期间，河北省武安、涉县、磁县一带的城乡群众有荡秋千的习惯。

一过正月初十，人们就开始在村街口开阔处和自家院内搭起高低不同的秋千架。从搭成到正月十六，每天都要荡一阵子，其中十四、十五两天是高潮。

荡秋千可以使人心旷神怡，锻炼身体和意志。这是一种有益的民间体育游艺活动。一些地方的群众认为，荡秋千能祛除疾病。

元宵节习俗中也有元宵夜利用"听香"卜吉凶。想要卜吉凶者，可在家中神明厅先向神明告知欲占卜之事，然后以掷筊确定出门行走的方向，并在行进途中仔细聆听旁人交谈内容。返家后，依听到的内容向神明请示，以判断吉凶。

在湖北省的云梦县，老农夫于元宵夜持火炬偏照田圃，叫"照绝地蚕"。儿童则以田鼓迎神，以卜岁事。 武昌的"弄龙"要一连三天。全村的男女老少都跟随龙灯到邻村赴宴，称为"龙换酒"。

正月十五元宵节还有一些鲜为人知的民间活动。

古代有"七祭"，祭门、祭户这是其中的两种。祭祀的方法很简单，把杨树枝插在门户上方，在盛有豆粥的碗里插上一双筷子，或者直接将酒肉放在门前。海宁县元宵节以精致的菊花灯最为出名。建德县人家有新娶媳妇的，于元宵节设酒祭床。南雄闹花灯时，父母取龙灯上之龙须线给小儿系带，据说可保儿童无疾病；又取龙灯内残存的蜡烛照床下，据说可以产贵子。

这些习俗的形成，无不寄托了人们对拥有健康、平安和幸福的美好愿望。

知识点滴

彝族是我国少数民族之一，他们的传统节日巴乌节就是农历的正月十五。"巴乌"意为"打猎归来"。这个节日原本是欢庆狩猎归来的习俗，当时并非固定节日。

旧时，彝族人民狩猎归来收拾猎物，肉熟以后，众人分食。后来逐渐演变成固定的节日。

节日中的巴乌舞由12面木鼓、12面铊锣和12支唢呐组成乐队伴奏，由36名年轻女子披上虎、豹、熊、鹿、兔、狐等的毛皮或者头插鸟雀的羽毛，装扮成飞禽走兽，围绕火堆踏歌起舞，表现动物的姿态，模仿动物的叫声。

猎手们则手持弓弩或钢叉，将"猎物"围住，朝"猎物"们旋转的相反方向，表演各种狩猎动作。节日期间，人们还要举行耍龙灯、狮灯和白鹤灯等活动，场面热闹非凡。